Trois millénaires de civilisation entre Colombie et Équateur

Jean-François BOUCHARD
Pierre USSELMANN

Trois millénaires de civilisation entre Colombie et Équateur

La région de Tumaco La Tolita

CNRS EDITIONS
15, rue Malebranche – 75005 Paris

Illustration de couverture :
Personnage assis sur un banc (phase Tumaco La Tolita).
Collections Banque de la République, Musée de l'or, Bogotá.

ISBN : 2-271-06107-5

Remerciements

Nous souhaitons remercier en premier les institutions et organismes scientifiques qui nous ont apporté leur aide au cours de ces recherches.

En Colombie, l'Institut Colombien d'Anthropologie et d'Histoire à Bogotá, le Centre de Contrôle de Contamination du Pacifique à Tumaco (Marine Nationale de la Colombie) et l'Université du Cauca à Popayán.

En Équateur, le Musée archéologique de la Banque centrale à Quito et le Musée anthropologique de la Banque centrale à Guayaquil.

De même, nous remercions le CNRS, ainsi que l'Institut français d'Études andines et la Division des Sciences sociales et de l'Archéologie du ministère des Affaires étrangères dont les responsables ont appuyé nos études sur ces régions méconnues et financé les recherches de terrain et de laboratoire.

Nous souhaitons encore exprimer notre gratitude à Juan Garcia et à sa famille, à La Tolita, et à la famille Rosasco de Tumaco : tous nous ont offert sans compter leur chaleureuse amitié et leurs conseils précieux pour mieux comprendre leurs environnements. Mais c'est à tous les habitants des basses terres du littoral Pacifique équatorial que s'adresse aussi notre gratitude la plus vive pour l'hospitalité qu'ils ont toujours manifestée à notre égard.

En outre, c'est à tous les étudiants et chercheurs qui sont venus participer aux saisons de terrain que va notre reconnaissance pour avoir partagé ces moments de recherche en Colombie et en Équateur.

Enfin, nous souhaitons remercier pour leurs conseils toujours pertinents les archéologues, J. Cubillos, G. Reichel Dolmatoff, O. Holm et J. Alcina Franch, aujourd'hui disparus. Nous voulons aussi leur rendre hommage pour leurs travaux, qui restent des références auxquelles nous faisons souvent appel.

AVANT-PROPOS

Un environnement et des habitants mal connus

La géographie et l'archéologie de la côte équatoriale du Pacifique pourraient aisément se résumer ainsi : en forçant un peu le trait quand on pense à l'Amérique andine, ce sont d'abord des images de hautes terres, de vallées d'altitude élevée ou de hauts plateaux qui viennent à l'esprit. Elles sont parfois suivies de l'évocation d'un piémont oriental ouvrant sur l'immense forêt amazonienne et d'une côte aride et désertique comme sur le littoral péruvien. Pour les civilisations indigènes des Andes, le grand public connaît surtout le dernier épisode préhispanique, celui de l'Empire des Incas, abattu en 1532 par les conquistadors de Pizarro, venant de Panamá et suivant le modèle de la conquête militaire de l'Empire aztèque par Cortés (1519-1524).

Toutefois, des découvertes récentes, sur la côte nord du Pérou, ont mis au jour des sépultures de la culture Moche (ou mochica) dont certaines étaient d'une richesse inouïe comme celle du Seigneur de Sipan. Diverses expositions, en France ou dans des pays européens proches, ont aussi permis de montrer les œuvres d'art d'autres cultures que celle des célèbres Incas. On sait mieux à présent que l'époque préhispanique dans les Andes a eu une profondeur temporelle de plusieurs millénaires et que les groupes culturels « andins » ne vivaient pas tous en haute montagne mais aussi sur les côtes et dans les basses terres.

Il faut néanmoins expliquer ici des notions élémentaires, parfois difficiles à comprendre pour des Européens. Les expressions comme « pays andins » et « civilisations andines » font allusion à un fait global. La grande cordillère des Andes articule toute la partie ouest de l'Amérique du Sud et, par conséquent, on qualifie d'andin tout ce qui s'y trouve, sans qu'il soit mis sous ce terme une connotation directe de montagnes élevées. La cordillère des Andes est pourtant partout présente, de la Colombie au Chili, non seulement dans les régions d'altitude mais aussi ailleurs. Elle limite d'un trait continu à l'est le littoral assez étroit du Pacifique. Sans elle, il en serait tout autrement dans ces basses terres côtières de l'Ouest du sous-continent, tant du point de vue strictement géographique que du point de vue culturel.

Qui s'imaginerait, sans y être allé ou sans l'avoir étudiée, que cette côte nord équatoriale est un monde essentiellement végétal où, souvent, les sols disparaissent sous l'eau de l'Océan ou celle des crues et des pluies? Et qui sait qu'entre les grandes civilisations des Andes centrales et celles de la Méso-Amérique, où fleurirent les célèbres cultures de la triade précolombienne Incas, Mayas, Aztèques, s'épanouirent des cultures beaucoup moins célèbres mais tout aussi brillantes?

Pour désigner la très longue période pendant laquelle les populations amérindiennes et les cultures indigènes du continent américain vécurent sans réels contacts avec celles des autres continents, nous n'avons que deux termes aussi peu satisfaisants l'un que l'autre : « préhispanique » (avant l'arrivée des Espagnols sur le continent) et « précolombien » (avant la découverte de l'Amérique par Christophe Colomb). Nous sommes parfaitement conscients qu'il s'agit là de termes peu appropriés. Opérer un clivage de cet ordre relativise l'existence d'une Amérique antérieure à sa découverte par l'Europe occidentale à la fin du XVe siècle. Or l'Amérique, auparavant, fut peuplée par des hommes, venus d'Asie par l'actuel détroit de Behring, autrefois exondé. Il existe aussi des installations, avérées mais sans suite, dues à des Vikings de Scandinavie.

Nous accepterons donc l'usage qui fixe aux approches du XVIe siècle de notre ère la fin d'une période amérindienne et qu'une « certaine histoire » du continent américain débute par l'arrivée des conquistadors venus d'abord de la péninsule Ibérique. Toutefois, l'archéologie rappelle que l'homme y habitait depuis des millénaires lors de cette « invasion » tardive. De brillantes civilisations amérindiennes s'étaient épanouies bien avant que les premiers navires espagnols touchent les rivages du Nouveau Monde. Par ailleurs, l'ethnologie moderne nous révèle encore souvent nombre de continuités qui ont survécu à la destruction des civilisations indigènes, malgré quatre siècles d'acculturation occidentale. La notion de « monde préhispanique » reste donc bien relative : le monde des peuples amérindiens demeure, même si d'autres peuples s'y sont ajoutés. Dans cette Amérique, qu'on appela longtemps les « Indes occidentales », on a d'abord fait grand cas des civilisations tardives du Mexique et du Pérou actuels que trouvèrent les Espagnols au début du XVIe siècle et qui furent détruites par les conquêtes de Cortés et de Pizarro. Puis l'archéologie a peu à peu mis au jour des vestiges plus anciens, qui montraient que ces civilisations avaient eu des antécédents parfois aussi brillants. On a ainsi longtemps circonscrit deux grandes aires culturelles, l'une en Méso-Amérique, l'autre dans les Andes centrales, qui auraient été les foyers culturels majeurs du continent américain. Nous connaissons tous des vues des sites archéologiques de ces régions, impressionnants par la splendeur de l'architecture et par un environnement naturel majestueux. Mais, c'est comme si l'Égypte des Pharaons n'était évoquée que par les trois grandes pyramides de Gizeh au milieu du désert, ou la Grèce antique par le site remarquable de l'Acropole d'Athènes…

Dans ce que l'on a souvent appelé « l'aire intermédiaire », pour signifier qu'elle s'étendait entre la Méso-Amérique et le Pérou, on trouve néanmoins des civilisations préhispaniques originales qui se sont épanouies dans des paysages bien différents. Elles sont bien moins connues mais révélatrices de la grande variété des développements culturels de groupes indigènes qui ne furent pas tous, loin s'en faut, en contact avec les conquistadors.

On verra comment et pourquoi les premiers Européens partis pour explorer ces contrées au sud de Panamá abordèrent la côte, puis la délaissèrent, pour aller découvrir l'Empire inca. Sur cette côte peu hospitalière, aucun édifice prestigieux, aucun royaume ne semblaient annoncer les richesses fabuleuses que convoitaient les conquistadors. Et, par la suite, les forêts et les marécages se chargèrent de défendre longtemps ces basses terres du Pacifique équatorial contre les tentatives de pénétrer depuis la mer vers l'intérieur des plaines et le piémont de la cordillère. De nos jours encore, la région pâtit d'une mauvaise réputation auprès des gens de l'intérieur, en Colombie comme en Équateur. Et bien des revues spécialisées dans la divulgation, friandes d'exotisme et de sensationnel, insistent souvent lourdement sur les dangers de ces contrées extrêmes où les forces de la nature sont toujours prêtes à terrasser l'intrépide qui s'y aventure.

Bien souvent, dans les pays mêmes où elles se trouvent, les forêts chaudes et humides (les « jungles » et les « *selvas* ») sont réputées dangereuses, et pas seulement en raison de la faune sauvage et parfois féroce qui les habite. Ces terres insalubres, où règnent des maladies graves comme le paludisme, la leishmaniose ou les parasitoses propres aux pays « exotiques », sont considérées comme un ghetto, tout juste bon à abriter un sous-prolétariat, lui-même souvent vu comme une source de conflits sociaux et comme une entrave à la prospérité et au développement de ces pays modernes.

Il est vrai qu'en commençant de découvrir ces régions, nous avions aussi perçu ces aspects négatifs qui frappent avec force celui qui y arrive pour la première fois. Mais des séjours prolongés ont révélé une réalité bien différente : ce qui semblait être d'insurmontables obstacles devient vite plus accueillant, plus gérable pour l'homme. Certes, il faut toujours être attentif à ce que nous appelons les dangers d'un monde sauvage qui ne sera jamais semblable à la nature domestiquée, jusqu'à un certain point, de climats plus tempérés. Mais, au-delà des précautions nécessaires, apparaissent de réelles possibilités pour l'homme de prendre une place au milieu de jungles *a priori* jugées inhospitalières. L'étude de l'archéologie de cette région le démontre parfaitement et nous met en face d'un passé prospère, où les groupes indigènes se sont développés pendant plusieurs siècles en établissant avec leur environnement un système de relations équilibrées qui leur permit d'atteindre ce que nous appellerions aujourd'hui une réussite culturelle et socio-économique.

Il nous a paru utile de présenter dans ce livre notre découverte de ces hommes qui vivaient dans un tel environnement. Nous souhaitons ainsi faire partager ce que nous avons pu y apprendre et le livrer à ceux qui n'iront sans doute jamais eux-mêmes dans ces régions si lointaines et parfois encore si difficiles d'accès. Notre vœu est que la lecture de ces pages apporte une meilleure compréhension des milieux naturels de cette côte équatoriale et qu'apparaissent les mérites des hommes préhispaniques qui l'habitaient. De ce changement dans la perception d'un monde si différent dépend la construction d'un avenir aussi riche que son passé, aujourd'hui moins mystérieux. Si l'archéologie peut réconcilier l'homme avec un passé trop oublié et lui ouvrir des perspectives plus favorables pour vivre dans ces environnements difficiles, le rôle de nos recherches aura ainsi dépassé le simple projet d'ajouter quelques objets aux collections muséographiques existantes.

Le premier chapitre est consacré aux milieux naturels où se sont développés les divers groupes humains de cette région. À partir des descriptions des principales caractéristiques de ces milieux, ce sont les interactions « Homme-Milieu » que nous souhaitons mettre en valeur. En effet, hormis les milieux extrêmes comme les déserts et les étendues glacées, peu de milieux naturels paraissent, à nos yeux d'Occidentaux, aussi peu propices à voir fleurir des sociétés prospères et complexes. En témoignent les réticences des premiers Européens, surtout avides d'or et motivés par la perspective des pillages des richesses indigènes. Ils n'abordaient ces contrées que pour les mettre à sac sans même se poser la question de comprendre comment les indigènes qu'ils dépouillaient avaient pu édifier leurs civilisations. Puis ils partirent vers des rivages plus accueillants. Et les siècles qui suivirent n'ont guère changé cette vision bien réductrice.

Il fallait donc, pensons-nous, vaincre cette forme de répulsion qui naît de la rencontre abrupte avec ces milieux si peu habituels pour nous. La jungle presque impénétrable, les dédales de cours d'eau traversant des terres marécageuses, les pluies diluviennes et les chaleurs torrides, les cohortes de moustiques et autres insectes, les animaux féroces ou dangereux, les maladies tropicales sont bien réels et souvent répulsifs. Mais se trouvent aussi d'autres caractéristiques, plus difficiles à entrevoir, qui ont favorisé malgré tout l'émergence de toutes les cultures indigènes pour qui les obstacles naturels n'avaient pas la même signification négative ni le même pouvoir dissuasif. Ce sont elles que nous cherchons à souligner pour ôter le voile qui donna à ces contrées une réputation si mauvaise.

Le deuxième chapitre présente l'ensemble de l'évolution culturelle indigène, depuis ses racines qui naissent non loin de ce littoral et le relient aux plus anciennes périodes des développements culturels des groupes équatoriaux du littoral pacifique jusqu'à la conquête espagnole. Depuis quelques années les programmes archéologiques menés sur cette côte ont permis de distinguer des phases culturelles successives au cours des deux millénaires qui précèdent la conquête par les Espagnols. Nous sommes bien loin aujourd'hui de la vision d'une civilisation unique à qui l'on attribuait naguère tous les vestiges archéologiques découverts autrefois. Il faut pour cela s'appuyer sur des données archéologiques qui ne sont pas toutes aussi attrayantes que les œuvres d'art exposées dans les musées. Les travaux archéologiques se fondent à présent sur des fouilles minutieuses, sur des classifications de fragments de poterie qui représentent l'essentiel des vestiges conservés, beaucoup plus que sur l'examen de sites qui, dans ces régions, sont sans architecture. La présentation de quelques sites parmi les plus remarquables doit permettre de percevoir ce qui reste aux chercheurs pour aborder l'étude archéologique de terrain et la fouille. Le détail des classifications des céramiques est incontournable pour les archéologues, qui savent pourtant que leur lecture s'avère parfois ardue. Les pages qui y sont consacrées donneront, à ceux qui le souhaitent, un état actuel de la question.

Le troisième chapitre aborde les vestiges artistiques de la période d'apogée de ces cultures préhispaniques : nous y évoquons les vestiges en céramique et en orfèvrerie les plus remarquables de la phase Tumaco La Tolita. Ce sont en effet les artisans céramistes et orfèvres qui ont laissé les seuls témoignages bien conservés de cet art préhispanique. La piètre conservation des matériaux organiques n'a, hélas, pas permis de retrouver d'autres témoignages. Toutefois, on sait aussi, à travers les figurines de céramique, qu'un art textile devait exister, ne serait-ce que pour le vêtement et la parure. Si la céramique remonte à des périodes bien plus anciennes ailleurs, dans les Andes équatoriales, c'est dans la région de Tumaco La Tolita qu'apparaît l'orfèvrerie. C'est donc là l'œuvre de pionniers qui exploraient des techniques complexes et qui produisirent un art qui nous émerveille encore.

Dans le quatrième chapitre, nous tenterons d'aborder des thèmes qui paraissent centraux dans le fonctionnement de cette société Tumaco La Tolita à l'époque de son apogée. Nous nous sommes surtout attachés à voir comment peuvent être interprétés les rapports qui liaient la métropole, La Tolita, et les territoires colonisés qu'elle contrôlait dans la région de Tumaco. L'or et les défunts, réunis par les cultes funéraires, nous semblent avoir sous-tendu les relations puissantes qui unissaient ces régions et, sans doute, s'étendaient aussi à des terres plus éloignées vivant aussi sous l'hégémonie de La Tolita.

Enfin, un dernier chapitre s'intéresse à la période des cinq siècles écoulés depuis l'arrivée des conquistadors jusqu'au IIIe millénaire de notre ère. On verra que bien peu des composantes préhispaniques ont pu parvenir vivantes jusqu'à nous. Les groupes indigènes survécurent fort mal à l'arrivée de la civilisation occidentale, comme d'ailleurs dans la plupart des autres contrées du continent américain. À eux seuls, les chiffres provenant des archives coloniales et républicaines montrent l'inexorable diminution des indigènes face aux « colons ». Un long processus de mort physique et culturelle suivit les premiers pas des conquistadors. Aujourd'hui, ne subsistent que des groupes très minoritaires, descendant des anciennes populations indigènes, au milieu de nouveaux arrivés qui font la Colombie et l'Équateur modernes. C'est aussi pour ces nouvelles populations du littoral que ces pages sont écrites : pour qu'elles cultivent la mémoire de « ceux qui étaient là avant », sans ignorer un passé construit à partir des riches potentiels de ces basses terres du Pacifique équatorial.

Milieux naturels et ressources

De l'Océan aux rives incertaines, aux profondes mangroves et aux forêts marécageuses, un territoire insaisissable, la côte pacifique équatoriale colombo-équatorienne

Entre 1 et 4 degrés Nord, le littoral pacifique colombo-équatorien est marqué par l'omniprésence de l'eau : au large, la grande houle du Pacifique qui vient frapper les côtes, s'immiscer à l'intérieur des terres le long des vastes embouchures et chenaux de marée, ou construire flèches et cordons littoraux; le long des fleuves, et jusqu'au trait de côte, où les crues transportent de grandes quantités de sédiments, élaborent des levées alluviales et abandonnent de multiples méandres devenus autant de marécages; partout enfin, où les précipitations souvent quotidiennes et intenses alimentent ces flux, en devenant encore plus abondantes sur les versants de la cordillère occidentale (fig. 1).

La mangrove désigne les formations végétales arborées développées dans les eaux saumâtres de certaines plaines littorales des pays intertropicaux. Dans le secteur qui nous intéresse, bien que très variée dans ses diverses configurations géologiques et orographiques, cette côte pacifique est essentiellement basse, presque entièrement occupée par cet écosystème le long du littoral, parcourue par de très nombreux chenaux et larges bras de marée (localement les *esteros*, aussi appelés canaux ou chenaux de marée), marquée par la présence des trois deltas des fleuves Patía, Mira et Santiago et par l'action des courants côtiers. Le climat y est chaud et humide et les hommes, la faune et la flore ont toujours dû s'adapter à cet environnement régional aquatique constamment mouvant. Pourtant une biodiversité remarquable, une des plus grandes, voire la plus grande au monde, aussi bien pour la flore – et ses fruits – que pour la faune, des eaux riches en poissons et en crustacés et des ressources naturelles abondantes en bois et en métaux précieux, ont certainement attiré les hommes dans cet environnement forestier.

Pour toutes ces raisons, l'ensemble de ce littoral, riche d'écosystèmes multiples, a été localement nommé « bio-géographique et biotropique ». Il fait l'objet d'études systématiques conduites par l'Institut de recherches environnementales du Pacifique (Instituto de Investigaciones Ambientales del Pacífico).

Vue du ciel, la canopée des grands arbres semble recouvrir de dômes verts l'ensemble de la plaine à l'exception des trouées ouvertes par les fleuves aux vastes embouchures et, de plus en plus maintenant, des clairières de culture – surtout des pâturages – et des piscines d'aquaculture.

Deux points complémentaires méritent d'être mentionnés immédiatement, dans la mesure où ils constituent les principaux éléments d'instabilité d'une région qui, on l'a déjà dit, n'a de

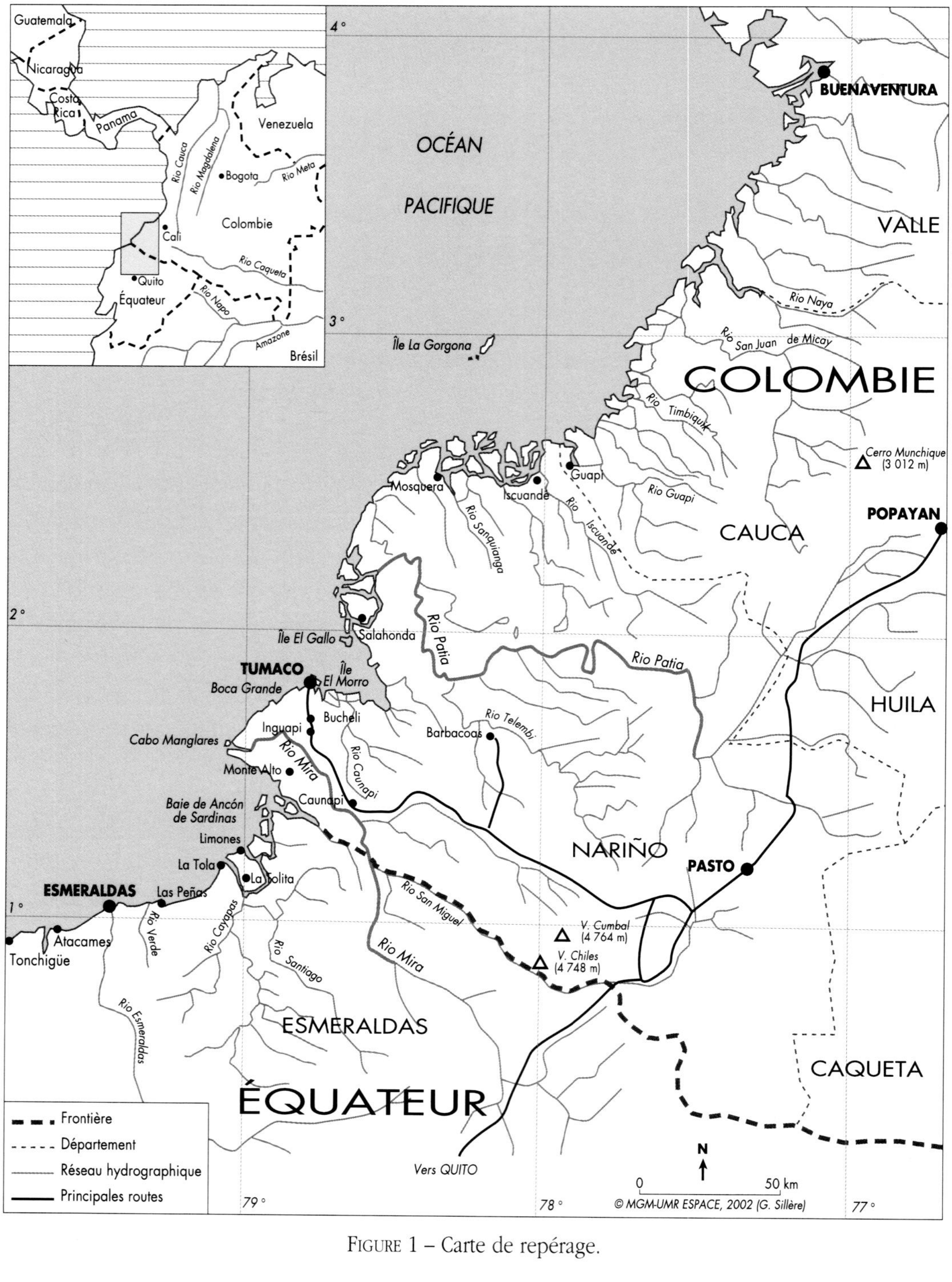

Figure 1 – Carte de repérage.

pacifique que le nom : sa situation à moins d'une centaine de kilomètres en aval des sommets de la Cordillère occidentale des Andes (supérieurs à 3 500 mètres, 4 764 mètres pour le volcan Cumbal, 4 748 mètres pour le Chiles), ce qui implique des apports sédimentaires très considérables (estimés, pour la seule baie de Tumaco, à un total de plus de 1 million de tonnes par an et à quelque 1 100 t/km^2/an) et des crues puissantes engendrées par les fortes précipitations qui affectent les versants d'une montagne constamment cachée par les nuages; la grande fréquence des tremblements de terre dans cette partie extrêmement sismique de la ceinture pacifique et leurs conséquences comme les raz de marée (*tsunamis*, appelés localement *visitas*, littéralement visites – non souhaitées – des eaux) et les déformations rapides du trait de côte, tout comme les changements de cours des fleuves.

Lorsque l'on entend le terme de mangrove, on pense à marécage, à environnement inhospitalier insalubre, à nuées de moustiques, à absence d'activités humaines et, en particulier, d'agriculture. Et pourtant, c'est un tel milieu qui a vu s'épanouir, il y a une vingtaine de siècles, une civilisation aussi prestigieuse qu'ignorée, dont l'orfèvrerie et les fines céramiques excitent le chercheur – quand ce n'est pas l'aventurier, hélas – conservées dans de modestes tertres en dehors de toute construction monumentale.

Jusqu'à ces dernières années, ce milieu hostile n'était que peu ou pas abordé par les chercheurs. Il est vrai que rien ne favorisait les communications avec l'intérieur des pays et des Andes, l'omniprésence de l'eau, la végétation et les versants escarpés de la Cordillère occidentale rendant la circulation très difficile. S'il en est toujours ainsi dans de vastes secteurs de cette retombée pacifique des Andes, l'ouverture de ports pour la desserte de l'intérieur du continent et l'arrivée d'oléoducs pétroliers ont certainement mobilisé des intérêts, y compris scientifiques heureusement. Les sites archéologiques étaient – ils le sont encore d'ailleurs pour la plupart – abandonnés aux fouilleurs clandestins. D'autres domaines, par exemple les exploitations forestières et minières, étaient, et sont encore, laissés à la disposition d'entreprises petites ou grandes, dont le souci du gain rapide dominait largement la nécessité d'inventaire et d'exploitation rationnelle – durable selon la terminologie en vogue – des ressources. C'est ainsi que les premières études scientifiques de cette côte ont débuté dans les années 1950 pour la plupart. Plus que dans les hautes Andes, on trouvait, et l'on trouve encore, des secteurs mal connus, voire inconnus et, dans tous les cas, mal intégrés, comme on dit sur place, aux deux pays. En cela aussi, cette côte rappelle les étendues amazoniennes de l'Est du sous-continent.

Comment fonctionne cet environnement côtier, que cache-t-il derrière la moiteur constante des frondaisons et les racines impénétrables de ses palétuviers? C'est en allant de l'Océan vers l'intérieur des terres que nous tâcherons de montrer aussi bien les contraintes de ce milieu équatorial que ce qu'il pouvait offrir à ceux qui s'y installaient.

De la chaleur constante à l'humidité permanente

Les températures se tiennent toute l'année entre 25 et 30 °C pendant la journée, baissant un peu la nuit, et l'humidité relative moyenne y est de l'ordre de 88 %. Les variations annuelles de température sont très faibles et ne dépassent en général pas 1 °C de moyenne. Avec une couverture nuageuse très importante tout au long de l'année, surtout l'après-midi, après 15 ou 16 heures, les précipitations sont le plus souvent supérieures à 2 mètres par an, atteignant plusieurs mètres – 7 à 8 – à proximité des reliefs et ce, à raison de quelque 250 jours de pluie par an. Il s'agit de la région la plus pluvieuse des Amériques, et l'une des plus arrosées du monde (Eslava, 1993, mentionne des maximums absolus de 20 mètres à l'année et de 3 mètres par mois au nord de la région), dont le régime des précipitations est en général bi-modal, avec deux maximums marqués, en fin d'année et d'avril à juin (fig. 2). Rares sont les mois de l'année qui reçoivent moins de 100 millimètres et une semaine sans pluie est exceptionnelle. Ces précipitations diminuent toutefois assez rapidement vers le sud de la région. Les pluies tombent sous la forme de fortes averses diurnes, ou de précipitations nocturnes prolongées. Dans ces conditions, les fleuves sont bien alimentés et leurs débits très importants. Ainsi, le Patía présente un débit moyen interannuel de 346 m^3/s pour un bassin de 23 700 km^2 (comprenant des secteurs secs étendus) alors que celui du Mira, avec un bassin limité à 11 200 km^2, s'élève à 821 m^3/s, soit plus de 73 $l/s/km^2$, quantité considérable par rapport au Magdalena (le plus grand fleuve colombien, 33 $l/s/km^2$) ou à l'Amazone (30 $l/s/km^2$). La puissance des crues et les hauteurs atteintes par la lame d'eau en plaine, ajoutées vers l'aval à la remontée de la marée, expliquent la construction généralisée d'habitat sur pilotis, de palafittes (photos 1, 42, 43, 49, 50).

La haute mer et la mer littorale

À partir du moment où une embarcation se trouve hors de vue des côtes, l'accès à la haute mer implique pour l'homme une maîtrise complexe de la navigation, reposant sur des notions spécifiques (connaissance du temps et des routes maritimes, technologie marine). Il semble bien, comme on le verra en détail dans le chapitre consacré aux navigations préhispaniques, que cela ait été le cas pour les populations qui habitaient autrefois cette région littorale.

Pour les phases les plus récentes, les témoignages de l'époque de la conquête espagnole attestent d'une navigation hauturière, qui atteignait les côtes péruviennes au sud et méso-américaines au nord, ceci n'étant toutefois seulement établi que pour les populations littorales de la côte centrale de l'actuel Équateur (région de Manta). Avaient alors lieu des expéditions à caractère commercial, à bord de grands radeaux à voiles (appelés *balsas* dans les chroniques espagnoles des conquistadors, car ils étaient faits de troncs de balsa, un arbre dont le bois est très léger), capables de longues navigations en haute mer. Mais il n'est pas exclu que ces marins pratiquaient aussi une pêche aux gros et moyens poissons (par exemple les thons, toujours nombreux au large de cette côte). On ne peut malheureusement qu'avoir des présomptions sur ces incursions en haute mer, qui reposaient sur la connaissance de la course du soleil, du sens des courants de surface ou de celui des vents dominants.

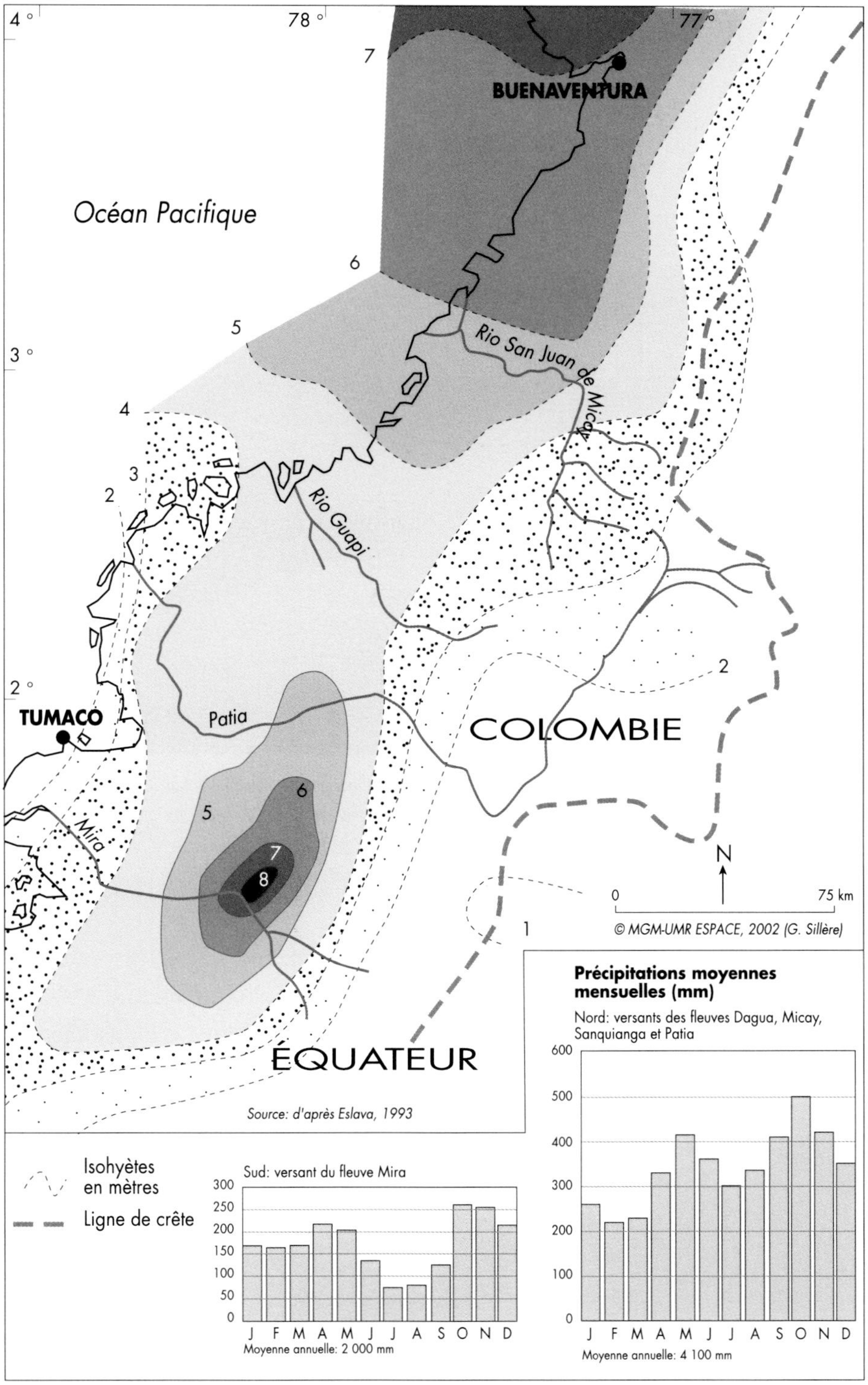

FIGURE 2 – Carte des précipitations (isohyètes). Des pluies très abondantes vers le Nord et des foyers de grande humidité au pied de la cordillère.

Photo 1 – Nerete, un village palafitte (région de Tumaco, Colombie).
Le village de Nerete, édifié sur l'estran, laisse apparaître, à marée basse, les sols vaseux où sont construites les habitations sur pilotis. Les pirogues sont le moyen de déplacement le plus commun dans le réseau de cours d'eau qui permet de rejoindre la mer ou de gagner l'intérieur de la plaine alluviale.

Plus près de la côte, la mer littorale devait être davantage fréquentée, vraisemblablement pour la pêche, pratiquée avec des embarcations légères, des pirogues monoxyles propulsées à l'aide de pagaies, comme parfois encore de nos jours. Il s'agissait alors d'incursions vers le large, brèves mais fréquentes, pour quelques heures de pêche. De nombreux poids de filets se retrouvent dans les niveaux archéologiques et sont le principal indice de cette activité. Les excédents de pêche devaient être conservés par simple séchage au soleil, voire aussi par fumage, mais il est vraisemblable que, dès la période Formative, cette pêche était pratiquée tous les jours, quand les conditions en mer le permettaient, par des marins à part entière.

L'utilisation des embouchures et des chenaux, des fortes marées aux *tsunamis* destructeurs

Face à cette mer littorale, la côte offre des ouvertures, depuis les vastes baies jusqu'aux larges chenaux et embouchures, remontés par les marées. Leur régime quotidien à deux marées hautes et deux marées basses est caractérisé par des amplitudes maximales de l'ordre de 3,5 à 4 mètres en moyenne. Les courants de marée peuvent être très violents et dépasser les 2 mètres par seconde, avec toutes les conséquences que cela représente pour l'évacuation, le dépôt et le remaniement des sédiments. Cela explique les difficultés d'approche du rivage à certains moments ainsi que l'étendue des terres soumises à ces battements le long de cette côte très basse.

Ces étendues d'eau sont complémentaires de la mer littorale : les poissons de mer suivent le flot et remontent dans les embouchures et les chenaux de marée. Ils trouvent dans ces eaux saumâtres des nutriments nombreux constitués de divers micro-organismes et des matières organiques produites par la mangrove. De très nombreux crustacés vivent dans les chenaux et les embouchures des fleuves, notamment diverses crevettes dont certaines, souvent abondantes, sont de grande taille et de haute valeur nutritive. Plusieurs espèces de crevettes, ou *Pénéidés (Xiphopenaeus riveti, Trachipenaeus birdy, Penaeus occidentalis, Penaeus stylirostris, Penaeus vanamei)*, pondent dans ces chenaux et leurs larves s'y nourrissent de détritus de la mangrove tout en se protégeant des poissons prédateurs. On compte aussi plusieurs crabes comestibles, dont le plus connu est la *jaiba (Calinectes sp.)*, ainsi qu'un crabe de mangrove très abondant dans les secteurs mixtes au contact de la terre ferme et des cours d'eau. La pêche dans cet ensemble est toujours possible, même lorsque les conditions météorologiques ne permettent pas l'accès à la mer.

Les secteurs soumis aux marées, limités en général à quelques kilomètres de profondeur, sont inondés par la marée elle-même ou par les eaux des rivières littorales bloquées par le flot. Lorsque les vents sont violents, la marée particulièrement haute ou les crues fluviales fortes, il est difficile de tracer une limite nette entre les secteurs soumis à la marée et ceux qui normalement ne le sont pas : on se trouve alors dans un environnement amphibie où les passages d'un secteur à l'autre sont transitoires et variables. Certains observateurs estiment que ces marées remontent le Mira sur 50 kilomètres, et le Patía sur 80. Les marées et les vents fixent les conditions de navigation le long de ce littoral comme on le verra plus loin.

Mais c'est au cours des événements, maintenant mieux connus, du Niño que se présentent les plus grands risques : les marées prennent de l'ampleur, jusqu'à 4,5 mètres, et les submersions se multiplient le long des côtes basses, noyant les villages et les infrastructures urbaines. C'est notamment le cas de Tumaco et de toute sa région où des îles côtières (îles barrières) et des villages ont été très affectés lors du dernier Niño de 1997-1998 avec un niveau moyen de l'Océan monté d'une quarantaine de centimètres. Toutefois, ce sont les raz de marée liés aux séismes qui ont les effets les plus destructeurs. À la suite du dernier grand séisme, en décembre 1979, un *tsunami* constitué de plusieurs vagues de plus de 2 mètres de haut a totalement dévasté un village situé au nord de Tumaco et a été observé à plus de 15 kilomètres à l'intérieur des terres le long des fleuves côtiers; le raz de marée s'est heureusement produit à marée basse.

À marée haute, les chenaux de marée interconnectent les principaux fleuves et permettent donc de se déplacer dans la forêt sans avoir à ouvrir des sentiers. Ce réseau très dense autorise des déplacements et des transports en pirogue relativement rapides, préférés de tout temps à des sentiers difficiles à tracer et à utiliser lors des périodes les plus arrosées.

Une ligne de rivage mobile le long de terres basses

Les reliefs côtiers sont rares et peu élevés, atteignant au plus une centaine de mètres d'altitude. Ailleurs, les terres sont très basses, constituant, en aval du piémont andin, une vaste plaine sur une cinquantaine de kilomètres de profondeur d'où ressortent à peine les levées alluviales des fleuves ou les restes d'anciens cordons littoraux plus sableux, preuves de l'avancée (accrétion) de ce littoral. Les différences d'altitude sont limitées, au maximum de 1 à 1,5 mètre, au-dessus d'un ensemble situé à quelques mètres d'altitude.

Les implantations sur le littoral ont toujours posé des problèmes. Les cartes de la *Nouvelle Géographie universelle* d'Élisée Reclus (1893) montrent un littoral passablement différent de l'actuel pour les environs de La Tolita. Plus au nord, au sud-ouest de la baie de Tumaco, ont été mesurés des déplacements de la ligne de rivage de l'ordre de plusieurs centaines de mètres, durant ces dernières quarante années, et de quelques kilomètres en deux siècles, au nord de cette même baie (cas de « l'île » d'El Gallo citée plus bas). Cette mobilité est due à l'action des courants marins et à l'activité de la houle. Elle est également très liée à la dynamique changeante des cours d'eau littoraux, tout comme aux mouvements internes qui peuvent affecter des sédiments dont le spectre granulométrique va essentiellement des limons argileux à des sables fins. Ces sédiments sont soumis à des tassements relatifs selon leur granulométrie et leur teneur en eau, phénomènes bien connus dans les accumulations deltaïques; ils peuvent aussi se déformer sous l'influence de mouvements lents liés à la dynamique tectonique générale, ou, brutalement, sous l'effet des secousses sismiques et de la thixotropie. C'est ainsi que l'on a observé des mouvements de subsidence de plusieurs dizaines de centimètres lors de fortes secousses, notamment en 1979, atteignant une moyenne régionale de 50 cm sur quelque 200 km de côte, avec de nombreux cas de liquéfaction des sols. Entre 1953 et 1968, la ville de Tumaco a été l'objet d'un soulèvement progressif de 33 mm, puis d'un affaissement brusque estimé entre 15 et 30 cm lors du séisme de 1979. Le trait de côte montre une succession de secteurs en recul ou en avancée. La mangrove est parfois directement menacée par la mise en place de sables marins et la vue de grands troncs morts, parfois encore dressés vers le ciel, est impressionnante. Ailleurs, on note l'avancée de la mangrove vers le large, favorisée par de fortes arrivées sédimentaires, alluvions fluviatiles, ou flèches littorales marines.

Toujours est-il que l'estran, submergé à marée haute mais découvert le reste du temps, constitue une réserve permanente de nourriture grâce aux divers coquillages qui y vivent. Différentes espèces sont mangées de nos jours et les données archéologiques confirment cette même consommation à l'époque préhispanique. On ne peut toutefois se fier complètement aux constatations d'absence ou de présence de coquilles pour déduire la consommation ou non de coquillages. Les coquilles étaient en effet souvent évacuées par les cours d'eau, et l'érosion fluviale et marine a détruit vraisemblablement une grande partie des amas constitués sur les berges, à proximité des habitats. On observe actuellement que cette exploitation de coquillages diminue ou s'arrête en période de pêche abondante, et reprend lorsque le poisson devient rare; si la pêche est une activité masculine, la collecte des coquillages sur l'estran est une activité des femmes et des enfants.

En arrière de l'estran, apparaissent des cordons littoraux sableux, actuels en bordure du rivage, mais également fossiles, situés parfois à plusieurs kilomètres en arrière du trait de côte (fig. 3 et 4). À proximité du rivage, les cordons sableux sont plutôt instables, souvent remaniés par les vagues et la dérive littorale (photo 2). Les sites archéologiques y sont rares pour ces raisons, et ce n'est que sur la plage nord-est de l'île d'El Morro (Tumaco), dans un endroit bien protégé de la houle, que nous avons pu en repérer un. Certains cordons sableux se trouvent en avant de la mangrove et la protègent. Les groupes humains installés sur ces cordons, en bordure du rivage, avaient un accès direct au domaine maritime, mais devaient passer par des groupes établis vers l'intérieur des terres pour se procurer ou cultiver leurs aliments végétaux. On peut penser que ces rivages étaient peu habités car soumis à trop de risques, à l'exclusion de quelques sites protégés servant de bases régulières ou saisonnières aux pêcheurs et aux marins. Actuellement ils restent encore, et heureusement, peu touchés par les habitations permanentes, à l'exception cependant de l'île de Tumaco qui supporte une ville de près de 100 000 habitants sur une surface réduite et un littoral dangereux. Depuis les années 1980, avec l'insécurité grandissante et l'exode des campagnes, une colonisation sauvage du front de mer a créé un quartier populaire sur pilotis, d'environ 20 000 habitants, exposé à tous les risques. Les tentatives de relogement de ces populations à proximité de Tumaco, dans des secteurs plus stables, se révèlent difficiles, et les habitants, plus ou moins consciemment, préfèrent rester en ville et assumer les risques : avec les aléas caractéristiques de ce littoral, cette urbanisation sauvage demeure une préoccupation majeure et délicate des autorités.

PHOTO 2 – Vue de l'embouchure du rio Santiago (Équateur).
La marée basse laisse apparaître de vastes bancs de sables près desquels s'abritent les pirogues au retour de la pêche en mer. On remarque aussi de grands troncs d'arbres morts encore dressés, vestiges d'une ancienne mangrove.

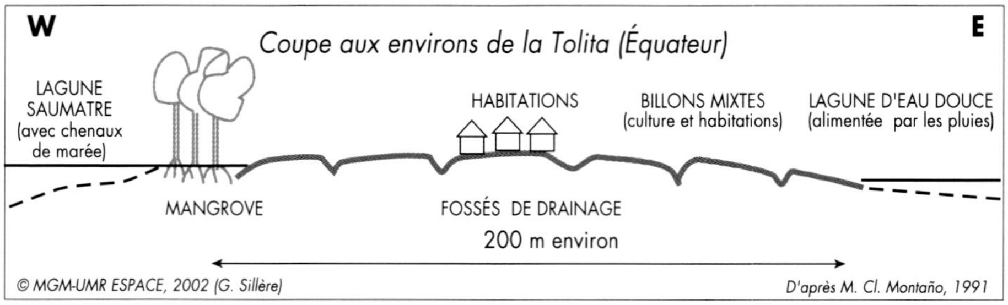

Figure 3 – Coupe aux environs de la Tolita (Équateur).
À proximité de La Tolita, la présence de lagunes saumâtres le long du trait de côte, et de lagunes d'eau douce légèrement en arrière, permet, sur une largeur de quelques centaines de mètres, un passage rapide de la mangrove à des champs de billons. Les sites préhispaniques occupent aussi bien les convexités artificielles des billons que les restes de cordons sableux littoraux.

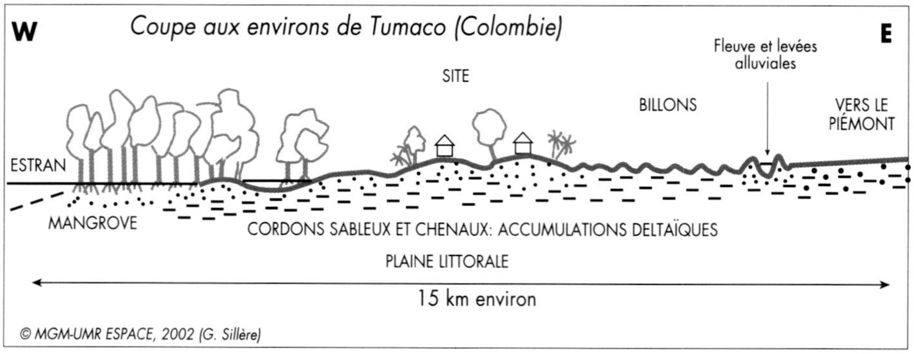

FIGURE 4 – Coupe aux environs de Tumaco (Colombie).
Sur quelques dizaines de kilomètres au maximum, s'observent de l'Ouest vers l'Est, une succession de mangroves et de forêts inondées, des chenaux de marée et des lits fluviaux, des cordons sableux marins et des accumulations deltaïques. Les sites préhispaniques occupent des restes de cordons sableux et dominent très légèrement des billons de culture.

Un rideau de mangrove

On ne saurait toutefois généraliser à toute la plaine littorale l'existence de la mangrove, même si celle-ci atteint ici son plus spectaculaire développement pour l'ensemble des littoraux américains. En fait, elle constitue une frange de quelques kilomètres, tout au plus de quelques dizaines de kilomètres de profondeur (photo 3). Elle se développe directement en arrière du trait de côte, ou immédiatement derrière quelques plages ou cordons littoraux sableux qui correspondent souvent à des îles-barrières extrêmement mobiles. C'est ainsi que l'on a observé des déplacements jusqu'à 100 mètres par an de ces bancs.

Les sols des mangroves, constitués de sédiments fins tourbeux, le plus souvent salés ou riches en sodium, sont parcourus par tout un réseau de chenaux qui, à marée haute, se rejoignent les uns les autres et relient aussi entre eux le cours aval des principaux axes de drainage (photo 4). Ne dit-on pas, d'ailleurs, que les bons navigateurs peuvent, à travers le labyrinthe de mangrove, relier le Santiago (à la hauteur de La Tolita, actuel Équateur) à Tumaco? (De Boër, 1996). On touche là à une caractéristique très importante de la mangrove : la haute muraille végétale (jusqu'à plus de 40 mètres de haut) que l'on imagine, depuis la mer, continue et impénétrable, offre alors de nombreuses facilités réelles de pénétration et de circulation pour qui sait y naviguer.

PHOTO 3 – Mangrove côtière (Parc Sanquianga entre Guapi et Tumaco, Colombie).
Dans le Parc naturel du Sanquianga, la mangrove forme un rideau impénétrable de végétation en bordure des rives du fleuve. La base des racines aériennes des palétuviers, restée plus sombre, marque le niveau des hautes eaux de la marée.

PHOTO 4 – Chenal de marée près de Tumaco (Colombie).
À marée basse, la plupart des chenaux de marée (*esteros*) s'assèchent ou se réduisent à de minces filets d'eau, faisant affleurer momentanément la vase. Entre les palétuviers, poussent des fougères qui tolèrent les eaux saumâtres, les *ranconchales* (*Acrostichum aureum*).

Ce véritable réseau de canaux, navigable quotidiennement en période de haute mer, permet de remonter au-delà des étendues marécageuses, jusqu'aux terres plus hautes et moins détrempées, formées d'anciennes accumulations alluviales, marines ou fluviales, voire d'affleurements de roche en place, offrant la possibilité d'établir un habitat et d'y développer des cultures. Ainsi, de muraille impénétrable, la mangrove devient un filtre et une protection entre le trait de côte soumis aux aléas des flots et les terres intérieures mieux exondées. Parmi les grands arbres, on remarque le palétuvier rouge *(Rhizophora brevistyla, R. samoensis Salvoza)* dont la hauteur peut dépasser 40 mètres et qui est probablement l'espèce dominante, le palétuvier noir, *Avicennia germinans* et *Avicennia nitida* (plus de 20 mètres de haut) avec leurs curieux pneumatophores et, enfin, le palétuvier blanc, *Laguncularia racemosa* (20 mètres de haut). *Avicennia* semble être une meilleure espèce pionnière que *Rhizophora* pour coloniser rapidement les bancs vaseux, mais ce n'est pas très net. Cette mangrove arrive à produire plus de 12 tonnes de matière organique à l'hectare, ce qui permet de comprendre son importance pour les milliers d'organismes vivants de ce littoral.

Des cocotiers et des palmiers *chontaduros (Bactris gasipaes)* s'observent en situation littorale sur les flèches sableuses, ou, à l'intérieur des terres, sur les restes d'anciens cordons littoraux eux aussi plus sableux et constituant de modestes éminences mieux drainées; ce sont les *firmes*, lieux plus favorables à l'établissement de hameaux et de villages, aussi bien à l'époque préhispanique qu'actuellement. Comme pour le trait de côte et l'ensemble des unités de ce littoral, la mangrove migre en fonction de mouvements différentiels à l'intérieur des sédiments, du déplacement des cours des fleuves côtiers et de la dynamique marine.

Plaines, fleuves et berges, marais et forêts d'eau douce

En se déplaçant vers l'intérieur des terres, là où les eaux salées pénètrent moins, ou exceptionnellement, se développent une végétation arborée et des marais d'eau douce. L'eau provient ici directement des pluies et des axes de drainage, dont l'écoulement vers l'Océan est souvent bloqué en arrière d'accumulations alluviales marines ou continentales (cordons littoraux, levées alluviales). C'est le domaine des forêts marécageuses dites localement de *guandales*, aux arbres impressionnants et précieux que recherchent les forestiers. Ils dépassent les 30 mètres de haut pour la strate supérieure, suivis vers le bas par des arbres d'une dizaine de mètres, puis par toute une série d'arbustes et de jeunes pousses. Un des arbres les plus recherchés est le *guayacan (Tabebuia guayacan)*, au bois très dur et résistant à l'humidité et à la pourriture. Cette forêt tropico-équatoriale de basse altitude, plus ou moins marécageuse, se poursuit vers le versant de la Cordillère à l'est sur quelque 60 à 80 kilomètres de largeur. Les premières pentes de la cordillère occidentale entraînent une modification de la composition de la flore alors que les précipitations deviennent plus importantes. La subsistance, dans un tel milieu, est rendue d'autant plus difficile que les ressources du secteur maritime ne sont plus accessibles.

Cette forêt a vraisemblablement constitué surtout un secteur d'incursions où les habitants des territoires voisins se procuraient quelques matières premières et pratiquaient peut-être la chasse. C'est à travers cette forêt, le long des cours d'eau, que se sont établies également les relations, confirmées par les quelques données archéologiques disponibles, entre la côte, le piémont et la cordillère. Si en Colombie, le seul site de Caunapi, tardif, a été localisé à une cinquantaine de kilomètres du littoral, encore en terrain de plaine, en Équateur, les études le long des cours moyens des fleuves Cayapas et Santiago montrent une occupation ancienne assez dense et une pénétration notable vers l'intérieur de la cordillère, facilitée par la navigation fluviale (De Boër et Tolstoy, 1989).

Dans tous les cas, l'ensemble de ce secteur du piémont a certainement fourni, par ses alluvions, l'or utilisé dans les divers objets d'orfèvrerie trouvés en fouilles. Ces dépôts aurifères alluviaux, les placers, sont toujours exploités dans le piémont colombien comme à Barbacoas.

Des relations avec les hautes terres andines de l'amont ont peut-être existé, la présence d'obsidienne dans de nombreux sites de la côte tendant à le confirmer. Cette obsidienne est sûrement originaire des gisements volcaniques des hauts plateaux, mais il n'est pas actuellement démontré qu'elle ait pu être transportée intentionnellement; elle peut, en effet, se trouver dans les alluvions fluviatiles. Toutefois, en Équateur, la découverte d'objets en céramique de style Tumaco La Tolita à Cumbaya, près de Quito (Buys et Dominguez, 1989), semble prouver l'existence de relations entre la côte et la sierra.

Dans les parties plus basses, les sols sont en général acides, formés de sédiments fins limono-argileux et sablo-limoneux, d'origine alluviale, ou proviennent directement des affleurements gréseux qui constituent les reliefs collinaires dominant la plaine; des cendres volcaniques y sont certainement mêlées. Ce matériau peut très bien être utilisé pour la fabrication de briques, comme encore de nos jours. Toutefois, assez vite, le long des fleuves descendus de la cordillère, apparaissent sables, graviers et galets qui constituent les placers alluviaux exploités, depuis les temps préhispaniques, pour la recherche de l'or.

Comme pour la mangrove, le milieu est aussi difficilement pénétrable à pied et très instable : une crue peut changer le cours d'une partie d'un fleuve par déversement et, le long des principaux axes de drainage, s'observent des trains entiers de méandres abandonnés dont les restes, lagunes ou marécages, montrent autant de tracés anciens. Les activités humaines irréfléchies peuvent, très vite, changer aussi fondamentalement les écoulements de fleuves puissants, comme on l'a hélas observé pour le cours inférieur du Patía (fig. 5 et photo 5). Sur ces étendues où la topographie varie de quelques dizaines de centimètres, les changements et les déversements de cours sont bien sûr fréquents. Les inondations durent plusieurs mois par an, souvent plus de la moitié de l'année. Les deltas construits au cours des siècles par des fleuves côtiers comme le Patía, le Mira ou le Santiago, se sont largement déplacés le long du littoral au gré de ces modifications, sans doute influencées aussi par les mouvements tectoniques.

« L'île » d'El Gallo, aujourd'hui une petite péninsule au nord de Tumaco, montre l'accrétion « récente » de ce littoral (sous l'influence du delta du Patía) puisqu'il est à peu près certain qu'elle constituait une île véritable en 1530 lorsque Pizarro y fit escale sur le chemin de l'actuel Pérou. Aujourd'hui, cette situation est déstabilisée sous l'influence anthropique du détournement vers le nord du cours du Patía. Ces étendues à marais et forêts d'eau douce sont, comme la mangrove, surtout pénétrables en pirogue le long des rivières et des fleuves.

PHOTO 5 – Village de « La Vigia » (embouchure du rio Sanquianga, Colombie).
Le creusement du canal Naranjo (fig. 5) pour flotter des bois depuis le rio Patía vers le rio Sanquianga a transformé l'hydrographie locale, en déviant une partie du Patía vers le Sanquianga. Les conséquences écologiques sont dramatiques. L'érosion fluvio-marine ronge les berges de l'embouchure du Sanquianga où sont bâties les maisons. Par endroits, dans la banquette de la rive, apparaissent des tessons de céramique restés *in situ*, qui témoignent de la présence d'un site archéologique presque totalement détruit par l'érosion.

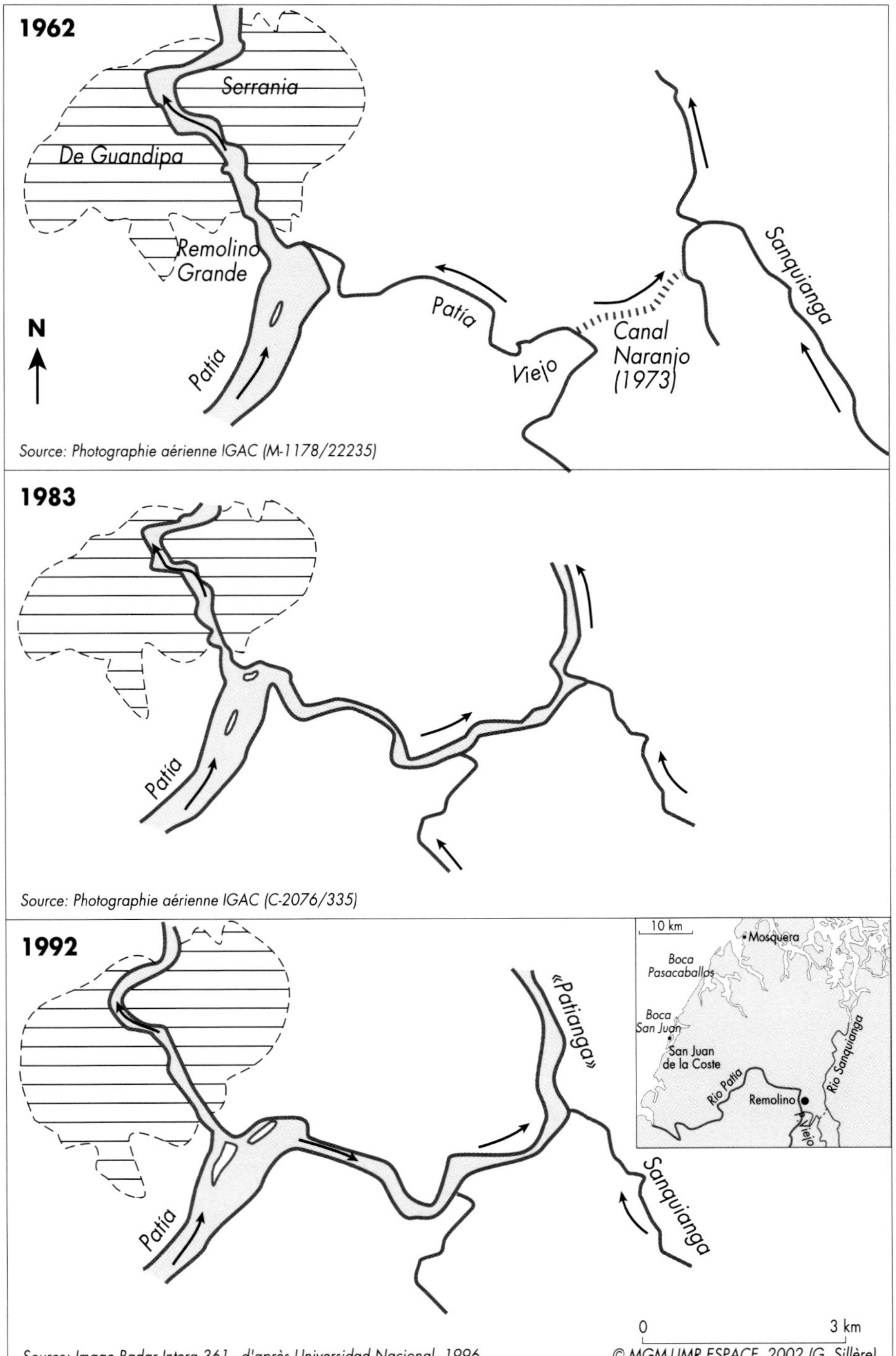

FIGURE 5 – Évolution du cours inférieur du rio Patía (Colombie).
Entre 1973 et l'époque actuelle, l'essentiel du débit du rio Patía a été détourné vers le Nord, ses eaux rejoignant le Sanquianga et conformant le cours nouvellement nommé Patianga.

C'est aussi le long de ces axes de drainage que se concentrent les placers d'or, de platine et d'argent, exploités depuis des siècles par les cultures préhispaniques, et foyers, aujourd'hui encore, de petits orpaillages (voir fig. 9). Les berges des fleuves constituent le territoire le plus favorable à l'habitat, aussi bien pour les temps préhispaniques qu'actuellement. Les sites archéologiques sont établis en bordure des cours d'eau, sur la berge, ou un peu en retrait si elle est par trop instable. Bien qu'à proximité de l'eau, les sites d'habitat étaient, et sont encore, mieux protégés de l'érosion qu'en bordure de la côte. Leur situation, en position de seuil entre l'environnement purement aquatique et les terres exondées, permet une économie mixte cumulant les ressources de la pêche et celles d'une mise en culture de la partie la plus intéressante de la plaine alluviale. Les ressources du milieu terrestre sont multiples et concernent à la fois les activités de cueillette et, peut-être, de chasse ainsi que celles d'une réelle production agricole.

Il semble bien que certains arbres fruitiers aient pu se multiplier d'eux-mêmes par les pépins et les noyaux évacués à proximité des sites habités, après consommation, donnant ainsi naissance à une proto-arboriculture spontanée (mais peut-être intentionnelle?). Quant aux activités agricoles, elles reposaient sur la culture de racines, comme le manioc, mais vraisemblablement surtout de céréales comme le maïs. Celui-ci est attesté dans cette région à l'époque de la conquête dans la variété dite *chococito*. On sait que cette céréale américaine joua un rôle considérable dans l'économie et l'alimentation de la plupart des sociétés d'agriculteurs amérindiens. Les instruments de mouture (mains de meules et meules dormantes), qui sont présents dès les niveaux archéologiques anciens de la côte équatoriale, autorisent à supposer que le maïs a été cultivé dans les endroits les plus favorables du littoral équatorial dès les débuts du Formatif (Pearsal et Piperno, 1990). Cette culture, qui exige des sols exondés, a été conduite sur des terres préparées à cet effet par des techniques de drainage et des billons, à proximité des habitats et des cours d'eau.

Un milieu à mise en valeur particulière…

Les grandes plantations de palmiers à huile *(Elaeis guineensis)*, récemment apparues en arrière du littoral de la région, ne constituent pas, comme on l'a dit, la première avancée technique et historique de l'agriculture dans cet environnement très humide. On est en effet étonné de trouver parfois sur le terrain des restes de vastes billons (aussi appelés ados) associés à des réseaux complexes de canaux, souvent mieux visibles sur les photographies aériennes, malgré toutes les difficultés de leur observation. Ces champs de billons, mis en relation par les archéologues avec les habitats préhispaniques, correspondent à de vastes aménagements hydro-agricoles préhispaniques. Ceux-ci permettaient des cultures hors d'eau et, comme certains observateurs l'ont souligné, intensives (Montaño, 1991), au moins de céréales et de tubercules : vraisemblablement le maïs, *Zea maïz*, le manioc, *Manihot esculenta*, et une patate douce appelée en espagnol *camote*, *Ipomea batata*. Devaient également être cultivés une légumineuse, la *canavalia* (*Canavalia ensiformis*, présente sur la côte depuis le Formatif ancien), l'*achira (Canna edulis)* et peut-être l'arachide *(Arachis hypogaea)*, souvent associée aux cultures traditionnelles des groupes amérindiens des forêts tropicales.

En même temps, ces techniques protégeaient certainement les cultures des remontées de sel et de l'ennoiement par les eaux salées ou saumâtres lors des grandes marées, tout en les maintenant aussi au-dessus des inondations d'eaux douces. Les canaux de drainage se raccordaient aux drains principaux, rivières et chenaux de marée, permettant, de plus, la navigation des pirogues. Enfin, comme on l'a souligné (Buys *et al.*, 1987), les sédiments fins qui s'accumulaient dans les canaux de drainage devaient servir d'engrais lorsqu'ils étaient rechargés sur les billons. C'est aussi sur ce type d'élévations que se retrouvent parfois des vestiges d'habitats.

Résultat d'un travail considérable, ces champs de billons semblent très bien adaptés aux caractéristiques de ces sols à granulométrie très fine, qui sont presque toujours saturés en eau (hydromorphes). Les champs de billons sont souvent disposés parallèlement aux grandes orientations du réseau hydrographique, notamment aux axes des fleuves Mataje, Mira et Caunapi où nous les avons observés sur quelques centaines d'hectares. Les billons eux-mêmes sont tracés parallèlement aux très faibles pentes locales, ce qui démontre leur fonction principale de drainage. Leur longueur est très variable, de quelques dizaines à plus de 400 mètres (ils atteindraient par endroits le kilomètre, D. Patiño, 1993), avec des largeurs de quelques mètres, parfois quelques dizaines de mètres. Leur hauteur se limiterait à quelque 2 mètres. Ils ne semblent pas se retrouver au-delà d'une altitude au sol de 30 mètres. À proximité de La Tolita, des champs de billons d'une extension de plus de 12 km^2 ont été établis aux dépens d'anciens cordons littoraux et de sédiments lagunaires. Il n'en demeure pas moins vrai qu'il est impossible de nos jours d'évaluer avec précision l'étendue réelle de ces aménagements, surtout lorsque les terres sont recouvertes de végétation forestière.

Il a été par ailleurs avancé (West, 1957), et on le constate encore aujourd'hui, que les cultures annuelles sont installées sur les restes décomposés de la végétation en place auparavant, simplement abattue : sous un climat aussi chaud et humide, la décomposition de la matière végétale est très rapide, et cette litière est assez riche pour qu'il ne soit pas nécessaire de recourir au feu, difficilement praticable dans ce type d'environnement. Les billons devaient certainement faire l'objet de telles pratiques, y compris avec un apport de végétation coupée, et leurs restes sont encore riches en matière organique.

L'archéologie montre que l'ensemble de ce milieu littoral, entre ses limites extrêmes (haute mer et versants de la Cordillère occidentale), a été mis à profit au moins par des incursions tendant à se procurer aussi bien des produits de pêche que des matières premières introuvables à proximité du rivage. C'est certainement grâce à la conjonction de l'exploitation d'écosystèmes aussi différents (organisés horizontalement et, en partie, verticalement) que ces populations préhispaniques ont pu atteindre le niveau de développement dont témoignent les vestiges archéologiques. C'est aussi pour ces raisons que ces groupes culturels côtiers se distinguent des groupes amérindiens de basses terres connus dans les vastes forêts tropico-équatoriales humides d'Amérique.

... qui garde sa richesse jusqu'à la période actuelle

Du point de vue économique, l'aptitude des groupes préhispaniques à mettre en valeur ces milieux naturels à la fois très fragiles et peu hospitaliers pour l'homme représente un fait remarquable, car il nous apparaît que leurs modèles de subsistance permettaient d'atteindre ce que l'on appellerait aujourd'hui un développement équilibré et durable. Ils leur permirent d'obtenir leurs ressources alimentaires en exploitant un large territoire allant de la mer jusqu'au piémont des cordillères et associant le monde aquatique au monde terrestre.

L'extrême richesse des eaux en faune comestible, aussi bien dans l'Océan que dans les estuaires et les chenaux de marée, constitua un avantage considérable pour ces groupes qui pouvaient pratiquer une pêche continue. La succession des périodes d'abondance de poissons, de crustacés et de coquillages permettait toujours à la population de disposer de protéines animales.

Les habitants du littoral trouvaient donc tout au long de l'année une quantité suffisante de protéines au moyen de la pêche, tout en n'exploitant qu'un faible pourcentage de la totalité de la faune aquatique. À l'époque préhispanique, il n'existait pas de risques de surpêche menaçant ces ressources en ne respectant pas les seuils naturels de renouvellement des espèces. Au contraire de la pêche commerciale pratiquée de nos jours, qui exporte la majeure partie des prises sur des marchés non régionaux, ces populations côtières n'avaient pas à alimenter d'autres groupes et elles pouvaient ainsi maintenir l'équilibre de ces ressources.

Il est très difficile d'estimer la part de la chasse dans l'alimentation des groupes du littoral. Il existe en effet un très grand nombre de figurines zoomorphes en céramique dont la quasi-totalité des espèces identifiables correspond bien à des animaux de la région. Cette particularité paraît démontrer la grande importance de la faune terrestre, y compris les oiseaux, pour ces populations anciennes, mais il n'est pas possible, pour autant, de déduire qu'elles représentent toutes des gibiers, chassés à des fins alimentaires. D'autant que la mauvaise conservation des vestiges osseux a laissé peu d'indices nous permettant de déduire une consommation forte de gibier chassé en forêt. On sait par ailleurs que celle-ci fut plutôt faible chez des populations d'agriculteurs dans les Andes préhispaniques. Si l'abondance et la relative facilité de la pêche semblent avoir apporté l'essentiel des protéines animales consommées, la chasse nous paraît n'avoir été qu'un éventuel appoint dans l'alimentation des populations préhispaniques.

En revanche, il semble probable que la cueillette de végétaux sauvages dut tenir un rôle important, difficile à quantifier précisément mais concevable au vu de la grande variété d'aliments végétaux poussant naturellement dans la région littorale. Dans ce domaine, en l'absence de toute certitude archéologique, on ne peut qu'énumérer divers fruits actuels dont certains peuvent avoir poussé et avoir été consommés dans la région à l'époque préhispanique. Beaucoup d'entre eux furent mentionnés dès le XVIe siècle par les conquistadors. La plupart sont des fruits tels que l'avocat, le cacao, le *caymite*, l'anone, le corossol, la goyave, l'ananas, la papaye, le coqueret du Pérou, le *mamey*, le *chontaduro*, la *guaba*. Il y a aussi divers légumes tropicaux qu'il est possible d'obtenir dans le milieu naturel équatorial à l'état sauvage (cœur de palmier, *achira, arracacha*). Une bonne partie de ces fruits et légumes paraissent avoir existé naturellement dans la plaine alluviale et il est probable que les populations préhispaniques en aient aussi tiré parti pour leur alimentation.

Enfin, il existe à présent de bonnes évidences de ce que l'agriculture régionale, reposant sur la technique des billons, était beaucoup plus élaborée qu'on ne le pensait il y a seulement quelques décennies. C'est au moins le cas pour la phase culturelle Tumaco La Tolita, qui paraît être à l'origine de leur création dans ces régions. Parmi les cultures déjà citées, le maïs, avec sa bonne productivité, a dû avoir une grande place dans l'alimentation. Il est vraisemblable que, même sous ces climats humides, il pouvait être stocké, offrant ainsi la possibilité de constituer des provisions pour le consommer en dehors des périodes de récolte. La racine de manioc comestible occupe une part importante de la diète alimentaire dans les civilisations américaines, même dans sa seule variété douce, non stockable. En effet, sous ces climats, sa production est régulière et elle est simplement récoltée juste avant sa consommation, sans qu'il soit nécessaire de la préparer sous forme de farine, comme pour le manioc amer.

Ces diverses possibilités montrent que les groupes préhispaniques purent très efficacement s'adapter aux difficiles contraintes des milieux naturels et du climat, et disposer d'un éventail très large de ressources alimentaires obtenues aussi bien par prédation que par production en exploitant au mieux les milieux naturels. C'est donc un cas remarquable d'adaptation de la part de ces groupes préhispaniques qui se développèrent en tirant parti d'une gamme de richesses à présent mal connues.

En effet, si la prédation sous diverses formes s'exerce toujours dans cette région, en particulier pour la pêche et la cueillette de quelques aliments comme les cœurs de palmiers, on doit remarquer que les fins commerciales « extractivistes » prédominent aujourd'hui amplement sur les fins alimentaires locales. Elles sont un important facteur de déstabilisation, à la fois pour l'équilibre et la conservation du milieu naturel et pour l'économie alimentaire des populations actuelles. Celles-ci en arrivent à produire des aliments qu'elles ne peuvent consommer et à consommer des aliments qu'elles ne savent pas (ou qu'elles ne peuvent plus) produire et qu'elles doivent donc acheter et faire venir, parfois de loin, voire de l'étranger si le pays n'en produit pas en quantités suffisantes pour satisfaire leurs besoins.

La production traditionnelle amérindienne, elle, semble avoir disparu presque totalement, surtout dans la partie colombienne, où ne subsistent plus de groupes indigènes. La méthode préhispanique de champs de culture sur billons *(camellones)* a été abandonnée et l'on voit actuellement très peu de cultures alimentaires, hormis la banane plantain, non indigène. La consommation généralisée du riz, produit importé en Amérique, n'a pas vraiment été suivie d'une production régionale capable de satisfaire les besoins locaux et l'essentiel provient d'autres régions de Colombie ou d'Équateur. Néanmoins, il existe, parfois, de nouvelles productions agricoles extensives : celle du palmier royal pour l'huile alimentaire et celle du cocotier. Ces deux cultures se font à des fins commerciales et contribuent fort peu à l'alimentation directe des habitants de la région.

De même, la pêche, artisanale ou industrialisée, est-elle à présent une activité commerciale qui surexploite en partie le potentiel naturel afin d'exporter un maximum de produits bien qu'il en reste assez pour une consommation locale. L'aquaculture, qui a eu un fort pic de développement au cours des deux dernières décennies, ne semble pas tenir les promesses de réussite qu'on lui prêtait : la plupart des essais d'élevage de crevettes périclitent en raison des très fortes mortalités en bassin d'élevage, avant que les crevettes n'atteignent une taille adulte commercialisable. Les conséquences ne sont pas seulement économiques : on sait que les bassins créés en détruisant les mangroves et les aires cultivables ont certainement détruit le milieu naturel pour de longues années.

Le creusement de piscines d'aquaculture pour l'élevage de crevettes pose bien des problèmes, notamment celui de la destruction des rideaux de mangrove le long des estuaires : lorsque les précautions minimales ne sont pas prises, les mouvements de la marée ont vite fait de remettre en mouvement les sédiments que fixait la mangrove et de mettre en péril les installations aquacoles elles-mêmes. Le déboisement a eu aussi des conséquences assez funestes : la suppression de la forêt contribue à détériorer le milieu en exposant directement les sols au ruissellement, alors que les pâturages ainsi créés n'ont pas la capacité d'alimenter un bétail qui ne peut pas rivaliser avec les grandes régions d'élevage du reste du pays. Les productions de viande bovine et de lait sont faibles et semblent avoir peu d'avenir, même si elles permettent à ceux qui les pratiquent de bien vivre.

On évoquera aussi l'extrême nocivité des méthodes modernes d'extraction de l'or dans les placers. On exploite aujourd'hui mécaniquement les alluvions, en lavant des tonnes de sédiments à l'aide de pompes et parfois en réalisant l'amalgame de l'or avec du mercure, qui est ensuite déversé dans les cours d'eau. Ces procédés laissent un milieu meurtri et pollué où l'homme et la nature n'ont plus guère de place. D'autres exemples sont aussi dramatiques. On peut ainsi évoquer le tristement célèbre canal Naranjo, qui fut au départ creusé par l'exploitant d'une scierie (qui donna son nom au canal) pour flotter les bois coupés et les faire passer du rio Patía au rio Sanquianga afin de les amener plus facilement à la scierie. Mais la plus faible hauteur du cours du Sanquianga par rapport au Patía fit que ce simple canal devint vite incontrôlable et finit par capter l'essentiel du débit du fleuve (Restrepo, 1999, p. 70).

Ces propos peuvent paraître éloignés de l'étude archéologique de cette région, mais il semble toutefois important de souligner ici que l'exploitation traditionnelle des milieux naturels était en mesure d'apporter une alimentation variée et suffisante à la population préhispanique, beaucoup plus que ne le fait l'économie agricole actuelle.

Celle-ci, qui vise surtout l'exportation des produits et non plus la consommation locale, contribue à produire une image négative de la région, facilement cataloguée aujourd'hui comme inapte à donner à ses habitants une alimentation équilibrée et suffisante pour les nourrir sans difficulté et, donc, vouée à la pauvreté. L'existence prolongée d'une culture préhispanique qui sut se développer dans cette région constitue la preuve qu'il peut en être autrement et que le littoral pacifique nord-équatorial peut à lui seul pourvoir aux besoins alimentaires d'une population sans doute nombreuse. Certes, les populations indigènes ont aussi touché aux milieux naturels pour les mettre en valeur et les exploiter, mais elles ont su préserver la régénération des milieux qu'elles occupaient et utilisaient et n'ont pas porté d'atteintes définitives à la vie ou à la nature. Bien sûr, il n'est pas question pour autant de mener une croisade pour que le développement moderne de ces régions s'arrête et qu'on en revienne à l'économie des peuples préhispaniques. Souligner la fragilité extrême des milieux de ce littoral, qui paraissent invulnérables, indestructibles et parfois hostiles, c'est aider à évaluer les conséquences d'actions de développement avec des moyens modernes puissants, parfois bénéfiques mais aussi très néfastes.

On pourra ainsi voir l'environnement du littoral pacifique nord-équatorial autrement que comme un défi à la civilisation moderne, qui devrait le domestiquer, parfois même en en faisant disparaître tout ce qui semble menacer l'implantation de normes établies sous d'autres climats, dans d'autres milieux. Lorsque les premiers Européens arrivèrent en Amérique, ils contaminèrent par des maladies bénignes pour eux-mêmes les Amérindiens, sans défenses immunitaires contre ces maladies. On sait aujourd'hui que c'est la principale cause, bien avant les conflits armés, de la disparition des populations indigènes. Cet exemple offre un parallèle avec l'application des méthodes de développement qui font appel à des technologies non indigènes. Celles-ci peuvent aussi apparaître sans nocivité, au vu d'expériences faites ailleurs, et semblent être les instruments incontournables du progrès. Mais il est possible, et c'est déjà vérifié, hélas, dans certains cas analogues comme la forêt d'Amazonie ou les côtes du centre de l'Équateur, qu'elles soient aussi mortifères pour les milieux de forêts équatoriales et tropicales que le furent pour les Amérindiens nos rhumes et autres maladies bénignes. Les expériences des Anciens peuvent être rarement répétées pour le futur, mais la connaissance de leurs réussites et l'analyse des causes de ces succès peuvent aussi être une des clés de la réussite des bâtisseurs d'un avenir qui ne doit certainement pas se faire en détruisant un milieu naturel jugé trop sauvage par l'homme moderne.

La période préhispanique

Plusieurs groupes indigènes peuplèrent la région pendant plus de deux millénaires et surent y développer des civilisations souvent brillantes et très bien adaptées à l'environnement. L'archéologie a établi les principales phases régionales, par l'étude de sites d'habitat où les vestiges céramiques révèlent la chronologie culturelle préhispanique. Les groupes préhispaniques du littoral ont en particulier connu une grande période d'apogée, connue sous le nom de « phase Tumaco La Tolita », reliée à d'anciennes traditions de la côte équatoriale.

L'évolution chronoculturelle

Les recherches archéologiques réalisées sur ce littoral ont montré que les plus anciens vestiges d'occupation humaine dans cette région sont tardifs, selon l'échelle archéologique, et ne datent que du Ier millénaire avant notre ère. Cela a longtemps posé le problème de l'origine des groupes culturels qui ont occupé la côte nord équatoriale pendant plus de deux millénaires avant l'arrivée des premiers Européens.

Sur cette côte, personne n'a jamais découvert d'occupations plus anciennes, correspondant à des groupes prédateurs (chasseurs, pêcheurs, cueilleurs) ou à des groupes de proto-agriculteurs qui, ailleurs, précèdent en général les « hautes cultures » andines. En conséquence, les premiers archéologues qui travaillèrent sur cette côte conclurent que ses premiers occupants étaient d'origine allochtone et qu'ils y étaient arrivés à la suite de migrations. Mais, faute de pouvoir identifier de tels groupes migrateurs en Colombie ou en Équateur, ils ont pensé que c'étaient des populations non andines qui se seraient installées sur une côte jusqu'alors déserte.

En effet, l'on ignorait, alors, à peu près tout des plus anciennes civilisations andines et l'on avait tendance à ne considérer que les civilisations préhispaniques issues de l'aire méso-américaine ou de l'aire des Andes centrales de l'ancien Pérou, les deux foyers majeurs de floraison culturelle préhispanique. Pour la Colombie et l'Équateur, situés dans « l'aire intermédiaire », les développements culturels ne pouvaient qu'être mineurs, moins originaux et moins complexes.

Ce n'est que vers le milieu du XXe siècle que l'on commença à découvrir dans les Andes septentrionales divers groupes préhispaniques très anciens, possédant, pour certains, l'agriculture ou l'horticulture, connaissant la céramique et sédentarisés, au moins en partie. Ces groupes appelés « formatifs » caractérisaient une longue période qui succédait, le plus souvent, à celle des groupes prédateurs de chasseurs-pêcheurs-cueilleurs, et que l'on fait débuter vers le IVe millénaire avant notre ère. Mais, ils n'apparurent pas simultanément, ni partout, dans les diverses régions de l'Amérique andine. Comme leurs vestiges sont rares et difficiles à découvrir, leur existence ne fut scientifiquement connue que dans la seconde moitié du XXe siècle, c'est-à-dire bien après que l'on a commencé à découvrir les vestiges des « hautes cultures » qui se développèrent dans les diverses régions andines pendant environ deux millénaires et demi avant la conquête au XVIe siècle de notre ère.

Par rapport à ce schéma général, la région Tumaco La Tolita paraissait encore plus énigmatique. Les vestiges préhispaniques trouvés, surtout par des fouilleurs clandestins, n'avaient aucune apparence formative et, de surcroît, ils représentaient un style qu'on ne parvenait pas à rattacher à d'autres styles déjà connus en Équateur ou en Colombie. Les premiers archéologues qui portèrent leur attention sur cette région conclurent qu'elle avait subi des influences d'origine lointaine. Celles-ci auraient été apportées sur ces rivages de l'Amérique du Sud par une migration de groupes venus par voie maritime depuis les côtes de Méso-Amérique, comme le prouvait, à leurs yeux, la présence d'éléments communs aux deux régions.

Peut-être l'hostilité apparente des milieux naturels eut-elle aussi son rôle dans le succès de la thèse suggérant l'arrivée de ces migrations? En effet, ailleurs, les populations andines occupaient densément les côtes et n'auraient pas laissé s'installer de nouveaux arrivants. En revanche, sur ces côtes trop inhospitalières, aucune civilisation andine évoluée ne s'était aventurée à s'installer et les « immigrants » auraient ainsi trouvé une terre sinon accueillante du moins libre d'accès. C'est en tout cas ce qui semble se lire entre les lignes de cette hypothèse « diffusionniste ».

À la décharge de ces pionniers, il faut reconnaître que l'archéologie américaine en était encore à ses balbutiements. Les rares données de chronologie culturelle dont ils disposaient étaient si floues qu'elles permettaient d'émettre à peu près toutes les hypothèses et même de proposer les interprétations les plus imaginatives. Des chercheurs américanistes d'un renom international, comme le célèbre Max Uhle, surnommé parfois le père de l'archéologie sud-américaine, n'hésitèrent pas à écrire des articles proposant des hypothèses telles que l'arrivée sur ce littoral de groupes issus de la civilisation maya (Uhle, 1922, 1923). Malgré l'absence de réelles preuves scientifiques, cette thèse parvint à s'imposer et parut satisfaisante. L'archéologie d'alors faisait souvent appel à une pensée « diffusionniste », bien qu'elle fût davantage fondée sur un amalgame de similitudes, d'analogies et de ressemblances entre des vestiges culturels disparates que sur des faits scientifiquement établis et analysés. Ce n'est que depuis peu d'années que les archéologues ont pu réfuter ces théories « diffusionnistes » grâce à des recherches de terrain, des classifications méthodiques et des moyens modernes d'analyse ou de datation.

Pour la côte pacifique nord-équatoriale, le changement que ces méthodes ont apporté est immense. Il est à présent établi que cette région participe bien d'une évolution culturelle locale, au lieu de s'être développée en marge du processus préhistorique andin comme le supposaient autrefois les archéologues « diffusionnistes ».

À présent, l'on sait qu'intervint au cours des IVe et IIIe millénaires avant notre ère, un important phénomène de néolithisation dans plusieurs régions de « l'aire intermédiaire », comprise entre les Andes centrales et la Méso-Amérique. On sait aussi qu'il est à l'origine des divers développements culturels ultérieurs, que les archéologues réunissent parfois sous le terme de « hautes cultures andines ». Les archéologues appellent période Formative, ou Formatif, cette période pendant laquelle se développèrent les premiers groupes d'agriculteurs céramistes. Cette néolithisation est caractérisée par un ensemble de phénomènes, comme la sédentarisation des groupes humains, et par l'apparition de relations sociales hiérarchisées dans les populations. Elle introduit aussi divers traits économiques et technologiques comme l'adoption de plantes cultivées (en particulier le maïs), l'apparition de la céramique, et, parfois, l'usage de fibres nouées ou tissées. Elle fut particulièrement remarquable sur la côte pacifique centrale de l'Équateur et sur la côte caraïbe de Colombie, à moins de 1 000 kilomètres au sud et au nord de la région Tumaco La Tolita. Mais il s'agit de développements séparés et indépendants comme le prouve l'apparition à des moments distincts de la plupart des traits caractéristiques de cette période Formative, entre environ 4000-3500 avant J.-C. et 1000-500 avant J.-C.

C'est à partir de cette « révolution néolithique » que se trouva engagé le long processus d'évolution des sociétés agraires préhispaniques, qui dura jusqu'à l'arrivée des premiers Européens, au XVIe siècle.

C'est surtout à travers l'étude de la céramique produite par tous ces groupes culturels que l'on peut suivre ce processus d'évolution et reconnaître la filiation entre les traditions qui se succédèrent dans ces régions. En effet, la céramique est à la fois un des vestiges matériels qui se conserve le mieux et l'un de ceux que les hommes ont produits en abondance tant pour la poterie que pour l'art de leurs figurines. De même, les rapprochements et les clivages entre les groupes sont-ils le plus fréquemment reconnus dans les parentés ou les différences existant dans les corpus de céramique. On ne s'étonnera donc pas de voir les diverses périodes et phases culturelles identifiées le plus souvent à partir de cette production céramique.

En ce qui concerne notre région d'étude, il est clair aujourd'hui que les premières occupations humaines, plus tardives, sont dues à des populations qui sont les héritières de ces groupes formatifs. Elles arrivèrent là alors qu'elles possédaient déjà l'ensemble de ces traits socioculturels et technologiques.

Il faut donc, pour comprendre cette évolution culturelle, commencer par voir, en Colombie et en Équateur surtout, comment les populations préhispaniques ont vécu ces étapes qui ont ouvert la voie à la constitution de sociétés complexes d'agriculteurs-céramistes sédentarisés.

Les premières sociétés formatives des Andes du Nord

Dans les Andes du Nord, en Colombie, les premières évidences de cette néolithisation (fig. 6) apparaissent sur le littoral de la mer des « Caraïbe » (Archila, 1993; Reichel Dolmatoff, 1966, 1985, 1987). Divers sites archéologiques, souvent formés d'amas de coquilles de mollusques, témoignent d'une sédentarisation, qui fut parfois seulement périodique. Ils sont associés à une céramique datée des environs de 3500-3000 avant J.-C. Ces groupes humains de la côte caraïbe représentent une tradition formative qui resta localisée dans la partie la plus septentrionale des Andes et n'atteignit donc pas la côte pacifique nord-équatoriale (voir fig. 7). Pour cette raison, nous n'évoquerons que les grandes lignes de cette période Formative de la côte caraïbe sans détailler les interprétations de leurs vestiges archéologiques.

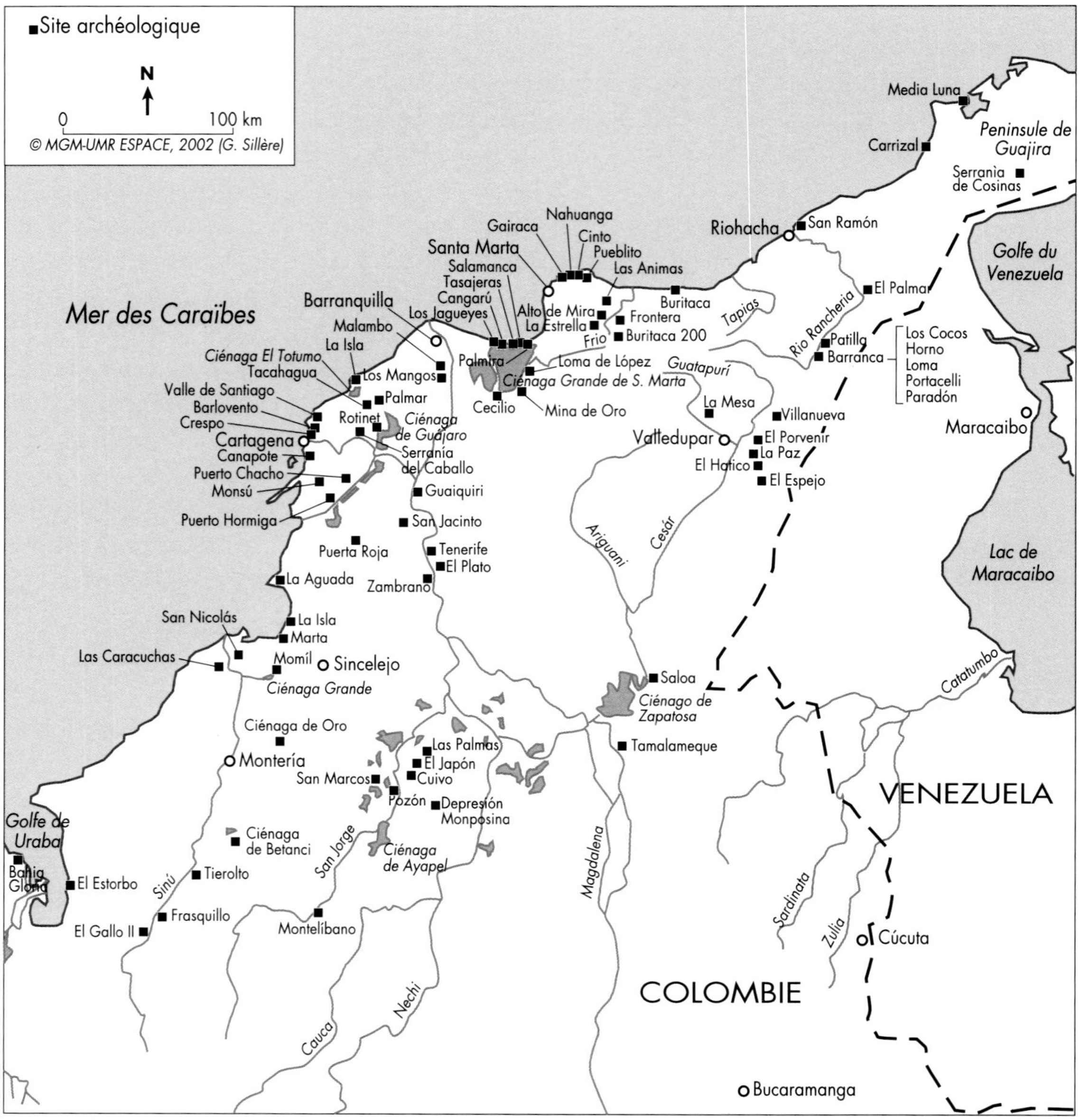

FIGURE 6 – Carte des sites archéologiques de la côte caraïbe (Colombie).

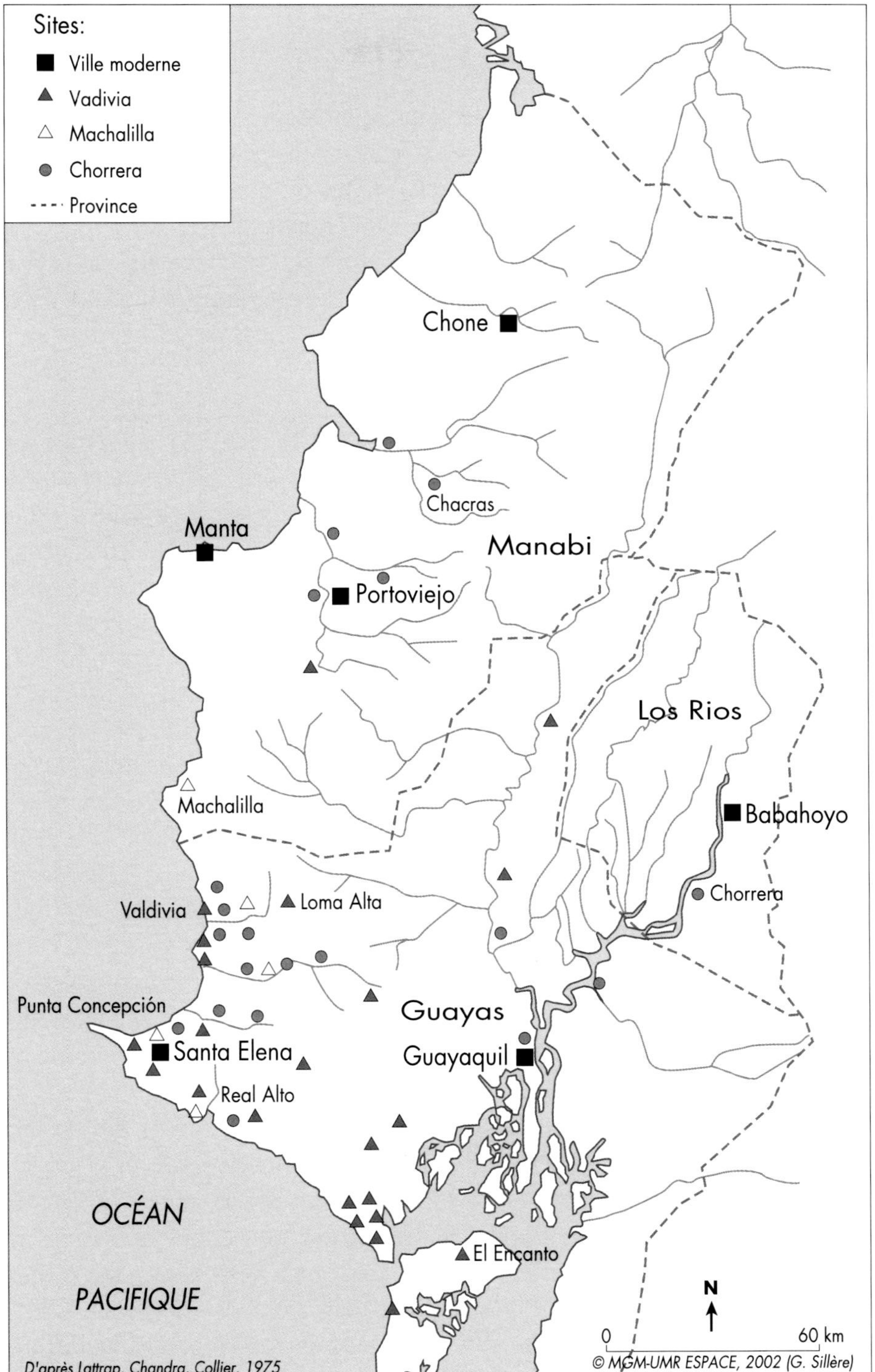

FIGURE 7 – Carte des sites archéologiques formatifs de la côte de l'Équateur.

Actuellement, la céramique la plus ancienne du littoral caraïbe provient du site de San Jacinto et serait datée de 3750 ± 430 avant J.-C. Ces premières céramiques sont représentées par une longue série de sites dont les principaux sont San Jacinto, Puerto Chacho, Monsu, Puerto Hormiga, Canapote. Leur diversité, tant sur le plan technologique que morphologique, indiquerait des développements assez indépendants sur chacun des sites. Cette céramique n'est pas qu'utilitaire ni dépourvue de décor : divers motifs incisés ou modelés forment une décoration, géométrique et parfois figurative. La seconde partie du Formatif caraïbe est marquée par des sites où apparaissent aussi des évidences d'activités agricoles (le manioc à Malambo, vers 1000 avant J.-C. et le maïs à Momil vers 200 avant J.-C.). Celles-ci sont beaucoup plus tardives en Colombie qu'en Équateur où les populations semblent très tôt avoir adopté des modes de vie orientés vers la production agricole.

Vers 4500 avant J.-C., sur la côte centrale de l'Équateur, le site de Vegas, dans la province de Guayas, correspond à des populations très anciennes qui n'étaient pas encore céramistes. Mais la présence de phytolithes d'un maïs primitif dans les niveaux archéologiques est interprétée comme l'indice qu'elles pratiquaient déjà l'horticulture en complément de techniques plus prédatrices (pêche, chasse et cueillette). Toutefois, ce groupe de proto-agriculteurs demeure un cas isolé et paraît pour l'instant sans lien direct avec les groupes néolithisés suivants.

En effet, sur ce littoral équatorial, la révolution néolithique semble plutôt attribuable à tout un ensemble d'individus réunis sous l'appellation de culture Valdivia, englobant les étapes successives de cette néolithisation pendant un peu plus de deux millénaires (fig. 7). On leur attribue l'invention de la céramique ainsi que la pratique du tissage de textile, l'organisation de l'habitat et de l'espace occupé, l'existence de relations hiérarchisées entre les villages (centre politique, centre cérémoniel, sites satellites), l'usage régulier de techniques de production de plantes alimentaires et utilitaires (maïs, haricot, courge, calebasse, coton), l'élaboration de structures sociales de base, politiques, rituelles, commerciales. L'originalité profonde de la culture Valdivia réside précisément dans le fait que l'on y reconnaît tous ces passages, ce qui en fait, pour une même tradition culturelle, le meilleur exemple de néolithisation complète connu dans tout le continent américain. En outre, comme on le verra, la fouille d'un site exceptionnel, Real Alto, a permis d'obtenir une séquence presque intégrale pour cette longue période au cours de laquelle s'épanouit la tradition Valdivia.

Valdivia est le nom du premier site découvert pour ce Formatif ancien dans les Andes équatoriales. C'est E. Estrada, archéologue équatorien, qui découvrit ce site en 1956 et le fouilla l'année suivante avec B. Meggers et C. Evans, deux célèbres archéologues nord-américains. Ils virent très vite que ces occupations étaient beaucoup plus anciennes que celles de niveaux archéologiques déjà connus, correspondant à des cultures préhispaniques assez récentes.

À partir des fragments de poterie trouvés dans leurs fouilles, Meggers, Evans et Estrada effectuèrent une classification de la céramique reconnaissant quatre phases (*Valdivia A, B, C* et *D*). Les assignations chronologiques données à ces phases s'appuyaient sur la technique de datation par le carbone 14 (encore très nouvelle à l'époque) et sont les suivantes :

- *Valdivia A* : 3200-2300 av. J.-C.
- *Valdivia B* : 2300-2000 av. J.-C.
- *Valdivia C* : 2000-1500 av. J.-C.
- *Valdivia D* : 1500-1100 av. J.-C.

Il leur sembla impossible que cette céramique de Valdivia, si ancienne, ait pu être inventée par des populations locales. C'était plutôt, pour eux, un apport extérieur par quelques individus non américains, venus d'ailleurs et connaissant déjà la poterie qu'ils auraient alors introduite en Équateur. Ils pensèrent qu'elle était la preuve de l'arrivée de pêcheurs naufragés japonais, de la culture Jomon, qui auraient importé en Amérique la poterie de leur propre culture (Estrada, 1958; Meggers, Evans et Estrada, 1965). Cette thèse, surprenante, tentait d'expliquer la présence de cette technologie, car on ne connaissait pas d'autre exemple de sites avec une céramique aussi ancienne en Équateur. En outre, le site de Valdivia était tout proche de la côte et semblait avoir été un établissement de pêcheurs collecteurs de coquillages. À l'époque de ces premières fouilles, cette découverte unique était d'une extrême importance et la thèse des origines Jomon de la céramique de Valdivia fut acceptée par beaucoup. Toutefois, certains archéologues, sceptiques dès le début, pensaient qu'un tel voyage était impossible ou que des naufragés n'auraient pu y survivre. D'autres estimaient, tout simplement, que les populations amérindiennes étaient aussi capables d'inventer la poterie que les Aïnous de Jomon. À présent que la céramique Valdivia est bien mieux connue par un plus important corpus, il suffit de comparer celui-ci avec les céramiques Jomon pour constater qu'il y a bien peu d'analogies avec cette céramique du Néolithique japonais. D'ailleurs, de nouvelles découvertes de poterie Valdivia, à présent bien datées par la chronologie absolue, attestent d'une antériorité de cette céramique par rapport aux premières datations obtenues par ces archéologues, ce qui les place avant les céramiques Jomon qui avaient servi de références pour bâtir cette hypothèse.

Pourtant la proposition d'Estrada, de Meggers et d'Evans conserve toujours quelques partisans, à vrai dire peu nombreux. L'hypothèse d'un tel voyage transpacifique fut même testée en 1980 par l'expédition du *Yasei-go* III, sorte de catamaran de 13 mètres de long, embarquant un équipage de sept personnes. L'embarcation, partie du Japon, se laissa dériver selon les courants et les vents. En cinquante et un jours, elle parvint à rejoindre San Francisco (aux États-Unis), en ayant ainsi parcouru 9 285 milles nautiques. Mais on doit noter qu'elle atteignit en premier la côte de l'Amérique du Nord, et non du Sud, tout comme le fit aussi le navigateur solitaire Gérard d'Aboville, traversant le Pacifique à la rame dans le sens Asie-Amérique. L'expérience réussie du *Yasei-go* démontre bien qu'un voyage transpacifique était possible, mais ne constitue pas pour autant, du point de vue archéologique, la preuve scientifique qu'il y eut bien d'autres traversées par le passé. Et l'on ne voit pas pourquoi, après avoir atteint la Californie, ces marins auraient repris la mer au lieu de rester sur place après leur voyage.

Ces hypothèses des origines transpacifiques ont été contredites par tous les travaux qui succédèrent à ces fouilles pionnières. D'une part, en reprenant une des coupes du site de Valdivia, H. Bischoff et G. Viteri découvrirent aussi, dans un niveau plus ancien que ceux qui avaient été fouillés et étudiés par Estrada, Meggers et Evans, des fragments d'une céramique qu'ils appelèrent « San Pedro ». Or, celle-ci était très différente du matériel découvert auparavant sur ce site et, bien sûr, aussi de la céramique Jomon du Japon (Bischof, Viteri, 1972). D'autre part, la découverte du site de Loma Alta, étudié en 1971 par P. Norton, révéla une autre vision de cette culture Valdivia. À Loma Alta, les habitants étaient établis à 15 kilomètres de la côte et n'étaient donc pas des pêcheurs ramasseurs de coquillages, bien qu'il y ait la trace d'une consommation de produits de la mer. Ils vivaient en partie de chasse et de cueillette mais aussi d'agriculture de céréales (le maïs) comme le prouvaient les pierres à moudre, ou meules dormantes *(metates)*, et les mains de meule trouvées en grand nombre. L'emplacement du site, près d'une vallée fertile, bien arrosée, permettait de cultiver sans irrigation. En outre, la céramique de Loma Alta s'avéra plus ancienne que celle des niveaux fouillés par Estrada, Meggers et Evans à Valdivia.

P. Norton et E. Lanning découvrirent encore un petit site Valdivia côtier, Punta Concepción, fréquenté occasionnellement par des habitants de l'intérieur, venant y pêcher des coquillages marins. Il existait donc une relation entre la côte et les sites Valdivia non littoraux devenant de plus en plus nombreux (Norton, 1971, 1983). Enfin, à la même époque C. Zevallos Menendez et O. Holm, fouillant le site Valdivia de San Pablo, découvrirent une preuve irréfutable d'agriculture : du maïs carbonisé pris dans l'argile fraîche ayant servi à fabriquer une poterie Valdivia (Zevallos, Holm, 1960).

Pour Valdivia, une nouvelle séquence chronologique fut établie dans les années 1970 par B. Hill, se substituant à celle trop élémentaire proposée par Estrada, Meggers et Evans. Elle distingue huit phases Valdivia, précédées par une phase Loma Alta, correspondant à la toute première céramique apparue dans la région de Valdivia (Hill, 1972-1974).

Cette classification chronologique de B. Hill (tableau 1) fut retrouvée par la suite (mais avec des datations absolues différentes et plus anciennes) par D. Lathrap et J. Marcos, à Real Alto, un site exceptionnel qui constitue à présent la référence moderne pour Valdivia. Depuis, de nombreuses données ont été ajoutées et la chronologie la plus récente, établie à partir de datations par radiocarbone (^{14}C) et par thermoluminescence (T.L.), est donnée dans le tableau 2.

Tableau 1 : Chronologie de Valdivia selon Hill.

DATES AVANT J.-C.	PHASE VALDIVIA
1500	
	Valdivia VIII
1600	
	Valdivia VII
1700	
1800	Valdivia VI
1900	
	Valdivia V
2000	
	Valdivia IV
2100	
2200	
	Valdivia III
2300	
2400	Valdivia II
2500	
	Valdivia I
2600	
3000	
	Loma Alta

Source : Hill, 1972.

Tableau 2 : Chronologie de Valdivia selon Marcos.

PHASE	^{14}C (68 %)	T.L.	CHRONOLOGIE
	avant J.-C.	avant J.-C.	avant J.-C.
8 b		1700-1500	1600-1450
8 a	2090-1790		1800-1600
7		1900-1700	1950-1800
6		2100-1900	2100-1950
5		2400-2100	2250-2100
4		2600-2400	2400-2250
3	2870-2360	2900-2400	2800-2400
2 b	3090-2695	3200-2900	3000-2800
2 a	3555-3065		3300-3000
1 b	3860-3340	3600-3200	3800-3300
1 a	4460-3755		4400-3800

Source : Marcos, 1999, p. 282.

La période du Formatif ancien est à présent fort bien connue, et notre vision de cette « révolution néolithique » en Équateur s'appuie aussi sur la fouille d'un site où l'on a retrouvé la succession des étapes chronoculturelles de Valdivia. Ce site a livré en effet un panorama complet de l'évolution des groupes Valdivia grâce à une fouille menée par des chercheurs de l'université d'Illinois et de l'École polytechnique du littoral à Guayaquil. Ce vaste projet commença en 1974 et apporta des données très complètes sur l'évolution de Real Alto et sur l'évolution parallèle des structures socio-économiques de ses habitants (Damp, 1988; Pearsall, 1988; Lathrap, Marcos, Zeidler, 1977; Marcos, 1988, 1993; Zeidler, 1986).

La première occupation correspond à un petit établissement de quelques huttes faites en matériaux végétaux. Celles-ci sont groupées en fer à cheval autour d'un espace dégagé formant une place où se trouve une construction principale dite « maison des hommes ». Il existe déjà trois types de récipients correspondant à divers usages : grandes jarres à liquide, bols et écuelles, marmites pour la cuisson. On trouve aussi les premières figurines sous forme de simples pierres et galets gravés. Les habitants sont des prédateurs pratiquant la chasse, la cueillette et la pêche. Mais ils possèdent déjà une horticulture potagère qui apporte un complément alimentaire attesté par les phytolithes, des restes carbonisés et par des instruments agraires (pics à fouir, haches, houes) et des instruments de mouture (mains de meules et *metates*) faits en coquilles ou en pierre. Cette horticulture se pratique en petits champs de maïs *(Zea mais)* et en jardins potagers où poussent des légumineuses comme un haricot *(Phaseolus vulgaris)* et un pois *(Canavalia plagiosperma)*, des bulbes comestibles *(Canna edulis)* et des racines comme le manioc *(Manihot esculenta)*. Ces habitants de Real Alto exploitent dans un rayon de 5 kilomètres, une « aire d'appropriation » accessible en peu de temps à partir du village (Zeidler, 1986).

Les phases Valdivia 2 et 3 marquent une grande évolution du site : l'agriculture se pratique alors par défrichage et brûlis, on construit de grandes maisons de plan elliptique, disposées sur trois côtés d'un espace rectangulaire. Au centre de cette place, une petite construction cérémonielle est formée de deux monticules à l'est et à l'ouest. Le premier monticule est surmonté d'une « maison de réunion » et le second comporte un ossuaire. Le coton est filé et tissé pour fabriquer des vêtements. Une trentaine de formes différentes de récipients en céramique sont utilisées et aux figurines de pierre s'ajoutent des figurines modelées en céramique. Une intensification de la production de maïs est indiquée par la plus grande taille des instruments de mouture. La population est évaluée entre mille cinq cents et deux mille personnes : Real Alto atteint sans doute alors sa population maximale de résidents permanents.

Entre Valdivia 4 et Valdivia 7, apparaissent de nouvelles pratiques agricoles qui modifient profondément la société de Real Alto. On substitue aux anciennes cultures potagères, effectuées sur de petites parcelles près des habitations, la mise en valeur de champs agricoles plus vastes et plus éloignés des lieux d'habitation. Près des nouvelles aires cultivées, on construit quelques petites habitations pour mieux contrôler les cultures et améliorer la production. Cette période voit aussi augmenter les dépôts en puits de stockage pour les provisions. Real Alto perd sa population d'agriculteurs et devient la résidence d'une classe sociale gouvernante, exerçant des activités politiques et religieuses, et dominant les classes rurales qui produisent la nourriture et autres biens de consommation. Il existe un réseau de villages satellites à environ un kilomètre de Real Alto, dépendant étroitement de ce centre. D'autres villages plus éloignés entretiennent des relations de dépendance sans doute plus lâches avec Real Alto, tout en lui restant assujettis.

Plus tard, au cours de la phase 8, la révolution néolithique consolide ses principaux acquis. Il se développe une agriculture intensive qui correspond à un degré plus élevé de production agricole, avec de meilleurs rendements dus à l'amélioration des techniques de culture et aussi à celle des plantes cultivées. De même, apparaissent des technologies agricoles comme les cultures sur billons, en champs surélevés, et les retenues d'eau ou les terrasses de culture sur les versants de collines. À tous ces progrès s'ajoute encore une efficacité accrue des outils agraires et des instruments culinaires, indice de l'accroissement de la production agricole. À cette époque, Real Alto perd son hégémonie tandis que naissent un peu partout des villages, semble-t-il, indépendants.

En deux millénaires, les populations Valdivia auront établi les fondements de tout le développement des futures sociétés d'agriculteurs céramistes de la région équatoriale andine. Parallèlement, elles ont aussi apporté dans les Andes une première forme d'art plastique sous la forme de figurines anthropomorphes, sculptées en pierre tendre puis modelées en céramique. L'art de ces figurines fut d'abord consacré à la représentation de personnages féminins, puis se diversifia. Valdivia lança ainsi une tradition d'images anthropomorphes en céramique qui perdura jusqu'à la fin de l'époque préhispanique.

L'art des figurines Valdivia

Dans les sites Valdivia étudiés depuis la découverte du site éponyme ont été trouvés de nombreux fragments de petites figurines anthropomorphes, le plus souvent féminines, debout et nues. Les plus anciennes sont en pierre, mais la plupart sont en argile. Là encore, les figurines Valdivia n'ont rien à voir avec les figurines Jomon appelées *dogu*. Bien que ces figurines ne soient sans doute pas de véritables portraits, la variété des visages est frappante, un peu comme si leur diversité, au milieu d'un « air de famille » Valdivia certain, évoquait le reflet de la diversité des êtres humains réunis dans un même groupe socioculturel. Comme beaucoup de ces figurines représentent des personnages féminins, on leur donne souvent le nom populaire de *vénus*, comme pour les figurines féminines de l'art préhistorique européen. Elles constituent l'art plastique le plus ancien du continent américain (photos 6 et 7). Elles sont généralement formées de deux cylindres collés l'un à l'autre, figurant à une extrémité la tête et, à l'autre, bifide, les jambes terminant en fuseau. Des incisions droites, horizontales, marquent les yeux et la bouche dans un étroit visage enfoui sous une grande masse de chevelure « en casque », traitée par de multiples incisions. La chevelure est très souvent surajoutée, comme si une perruque venait coiffer le crâne nu. Les bras sont plaqués le long du tronc ou se croisent sur le torse, sous les seins explicitement marqués. Parfois le pubis est souligné par des incisions ou des ponctuations dans l'argile. On trouve aussi quelques représentations féminines à l'abdomen proéminent, représentant sans doute des femmes enceintes. D'autres représentations inexpliquées possèdent deux jambes et un bassin mais un torse double surmonté de deux têtes.

Par la suite, le visage s'agrandit, les traits sont marqués par des incisions curvilignes, apportant un peu plus d'expression, la poitrine a parfois une importance démesurée. À partir de la phase 6, la variante dite San Pablo se caractérise par un nez avec une arête verticale prononcée, donnant au visage, auparavant plat, plus d'épaisseur. Mais il subsiste l'attitude figée, frontale, d'où est exclu tout mouvement. Lors des ultimes phases, si le sud de l'aire Valdivia semble marquer un moindre intérêt pour ces figurines, on trouve, surtout dans le Nord, des *vénus* San Pablo et une nouvelle variante dite Chacras, du nom d'un site de la province de Manabi, où semble apparaître une meilleure évocation de la troisième dimension pour l'ensemble de ces figurines, au demeurant d'aspect moins soigné.

PHOTO 6 – Figurines Valdivia.
Les premières figurines Valdivia sont de simples ébauches d'un corps, sculptées en pierre tendre ou modelées en céramique. Les plus anciennes montrent à peine la distinction entre le corps et la tête, et ne soulignent que la poitrine. (Collections du Musée de la Banque centrale, Quito).

PHOTO 7 – Figurines Valdivia.

Les figurines Valdivia plus récentes représentent de façon plus claire le corps et le visage de personnages humains, presque toujours féminins. Elles comportent parfois un engobe coloré et des incisions indiquent les traits du visage et la chevelure. Pour la plupart, ces figurines mesurent entre 5 cm et 10 cm de haut; toutefois quelques exemplaires, très rares, dépassent cette dimension standard et atteignent jusqu'à 15 à 20 cm. (Collections du Musée de la Banque centrale, Quito).

Selon Marcos, il est important de noter que ces évolutions stylistiques s'additionnent et, donc, ne se remplacent pas en se succédant dans le temps. On a ainsi trouvé dans des mêmes niveaux de Real Alto plusieurs « types », supposés auparavant appartenir à différentes époques. Il y a ainsi enrichissement de la gamme des figurines, bien que, selon les phases, on puisse détecter une plus ou moins grande popularité des différents types.

La fonction réelle de ces figurines demeure imprécise, mais il existe des essais d'interprétation fort intéressants. Pour Marcos, certaines de ces *vénus* engloberaient une indication masculine plus cryptée. Du front à l'arrière de la coiffure, les cheveux sont séparés par une gorge formant une raie médiane, évoquant ainsi un sexe masculin. L'image féminine serait ainsi doublée d'une image phallique (Marcos, 1988). L'association du couple phallus-vénus serait une représentation dualiste du couple Homme-Femme, réunissant dans une seule figurine les deux forces Virilité Fécondité. La raison probable de cette évocation serait de favoriser la prospérité démographique assurant la pérennité de la société. Plus tard, l'association bisexuelle n'est plus aussi évidente : dès la phase Valdivia 3, on connaît en particulier des figurines masculines, excluant, bien sûr, l'évocation de la féminité. En outre, apparaissent des figurines en position assise, ainsi fabriquées pour être posées sur ce que Marcos appelle des « bancs de chamanes ». Enfin, dès la phase 4, Marcos reconnaît aussi des figurines habillées de vêtements liés à des rituels et représentant des personnages importants dans la société. Ces interprétations modernes suggèrent que les changements dans l'iconographie des figurines Valdivia coïncident exactement avec des évolutions du site de Real Alto et se produisent lors des phases où s'effectuent précisément de grands changements dans les structures socio-économiques de la société Valdivia (Marcos, 1988).

Par ailleurs, on a remarqué que la plupart de ces *vénus* sont incomplètes et ont été brisées, semble-t-il, intentionnellement. À partir de cette observation, certains chercheurs ont suggéré qu'elles étaient créées pour une utilisation unique (par exemple un rite chamanique), puis cassées, ou, tout au moins, jetées et abandonnées après avoir servi. Dans ce cas, le grand nombre de figurines cassées qui ont été découvertes serait l'indice de la grande fréquence de ces utilisations rituelles, qu'il est toutefois difficile de préciser davantage.

Formatif moyen et final

Après la culture Valdivia, la culture Machalilla apparaît vers 1450-1350 avant J.-C. et correspond à la période du Formatif moyen de la région équatoriale. Beaucoup moins bien connue dans ses détails, son influence culturelle est cependant importante et son rayonnement dépasse de loin les étroites limites géographiques de la culture Valdivia (photo 8).

Entre 1000 et 850 avant J.-C. une nouvelle culture formative, Chorrera, succède à Machalilla. On reconnaît différents styles *chorreroïdes* pour la céramique du Formatif final, présente non seulement dans la région côtière, mais aussi à l'intérieur des terres. Cette variété des styles se relie toutefois à une même tradition culturelle, très visible dans la technologie céramique. Cette nouvelle tradition rassemblerait dans un même amalgame tous les groupes culturels peuplant alors la région équatoriale. Au cours de cette période du Formatif final, les groupes se constituent en chefferies complexes, qui forment la base de l'organisation sociopolitique dans les Andes équatoriales et du Nord.

PHOTO 8 – Figurine Machalilla (Équateur).
Alors que les figurines Valdivia étaient toutes massives, la tradition Machalilla innove en produisant des représentations anthropomorphes creuses, souvent plus grandes. Ce sont des récipients modelés en forme de personnages humains, qui peuvent atteindre une vingtaine de centimètres. Les céramistes Machalilla suivaient un modèle très standardisé, avec une image féminine caractérisée par une tête disproportionnée par rapport au corps. Elles sont recouvertes d'un engobe clair, rehaussé de lignes ou de zones de peinture rouge qui représentent des motifs ornant les vêtements ou, peut-être, des peintures corporelles (hauteur 21 cm). (Collections du Musée de la Banque centrale, Guayaquil).

Outre la perfection des techniques de fabrication, les potiers Chorrera atteignirent un niveau artistique rarement égalé dans les Andes. À côté de récipients aux formes fonctionnelles, la céramique Chorrera produit des vases modelés zoomorphes ou phytomorphes, qui révèlent l'attention portée à l'environnement animal et végétal. On connaît aussi d'admirables figurines anthropomorphes en céramique qui reproduisent des personnages à l'attitude hiératique, le plus souvent debout mais parfois assis en tailleur (photos 9 et 10).

Lors de la période du Formatif final des Andes équatoriales, la production agricole aurait d'abord permis un fort accroissement démographique, qui déboucha sur une saturation des territoires occupés par les premières populations agrocéramistes. Les groupes furent alors conduits à essaimer vers d'autres territoires plus ou moins proches, moins peuplés ou inhabités. Certaines de ces populations, possédant une tradition de navigation maritime propre à des groupes de pêcheurs côtiers, ont pu choisir de se déplacer par voie maritime plutôt que d'entreprendre une migration terrestre.

Sur le littoral nord-équatorial, plus lointain et qui paraît ne pouvoir être facilement atteint que par la mer, ce n'est qu'assez tard qu'arrivèrent ces populations, porteuses de leurs propres traditions technologiques. Il leur fallut faire face à un milieu naturel bien différent de celui (équatorial mais beaucoup plus sec) où s'étaient développés la majorité des groupes culturels de la côte équatorienne. Au contraire des régions plus favorables au développement des moyens de production agricole, cette région oblige ses occupants à garder une forte diversification des moyens de subsistance et à établir un équilibre entre la prédation et la production. Mise au point par les populations de la période du Formatif final de la région, cette économie mixte conditionna aussi les modèles d'établissement. Les recherches récentes ont permis la découverte de sites anciens, presque toujours à proximité des cours d'eau, localisés sur les berges où la marée ne recouvre pas les sols. La majorité se trouve près de la côte et il est rare d'en trouver à l'intérieur. Il se dégage ainsi l'impression que les populations préhispaniques choisissaient surtout une position de seuil, près de la mangrove, donnant accès au milieu aquatique et au milieu terrestre. Toutefois, le cours moyen de certains fleuves fut aussi colonisé mais sans doute en étroite relation avec les sites de la région proprement littorale. Autant qu'on puisse en juger à la lumière des résultats des programmes de recherches archéologiques récents, c'est sans doute la partie du littoral située dans l'actuel Équateur qui fut la plus occupée alors, constituant un premier foyer à partir duquel fut, ensuite, colonisée la partie plus septentrionale de cette côte.

PHOTO 9 – Figurine Chorrera (Équateur).

Les figurines Chorrera en céramique sont creuses, modelées avec soin et rehaussées de décors peints ou incisés, figurant des motifs sur les vêtements ou des parures corporelles. Elles se caractérisent par l'importance du volume de la tête par rapport au corps des figurines et le traitement du visage. Les yeux sont le plus souvent représentés par une simple fente horizontale. L'importance du visage est accentuée par une coiffe en casque projetée vers l'arrière, évoquant peut-être une déformation cranienne. La variété la plus fréquente des figurines Chorrera représente un personnage debout, en position frontale. On trouve aussi des exemples, plus rares, de personnages assis en tailleur, certains tiennent un petit personnage humain dans les bras. La plupart de ces figurines mesurent environ 25 à 30 cm.

Photo 10 – Figurine Chorrera (Équateur).

Les figurines Chorrera en céramique sont creuses, modelées avec soin et rehaussées de décors peints ou incisés, figurant des motifs sur les vêtements ou des parures corporelles. Elles se caractérisent par l'importance du volume de la tête par rapport au corps des figurines et le traitement du visage. Les yeux sont le plus souvent représentés par une simple fente horizontale. L'importance du visage est accentuée par une coiffe en casque projetée vers l'arrière, évoquant peut-être une déformation cranienne. La variété la plus fréquente des figurines Chorrera représente un personnage debout, en position frontale (N° 9, hauteur environ 18 cm). On trouve aussi des exemples, plus rares, de personnages assis en tailleur, certains tiennent un petit personnage humain dans les bras (N° 10, hauteur 25 cm). La plupart de ces figurines mesurent environ 25 à 30 cm. (Collections du Musée de la Banque centrale, Quito).

La période des Développements régionaux

Après la période Formative, s'ouvre vers 500-300 avant J.-C. la période des Développements régionaux. Partout en Équateur et en particulier sur la côte, elle se caractérise par la floraison de styles bien différenciés les uns des autres. Elle correspond aussi à la mise en réseau des divers groupes socioculturels issus de ce phénomène d'augmentation démographique qui caractérise la période antérieure. Toutefois, dans la région nord-équatoriale, comme on vient de l'évoquer, l'interprétation anciennement donnée à ce changement suggérait l'arrivée de groupes par migrations, souvent d'origine lointaine. Jusqu'aux années 1980, la plupart des auteurs suivirent en effet la thèse que soutenaient des archéologues renommés, tels que Uhle, suivi par Estrada, Meggers et Reichel Dolmatoff, et qui postulait une origine non andine, résultat de migrations venues de Méso-Amérique. Aujourd'hui, on a pu établir la filiation entre les cultures de la fin de la période Formative et celles de la période des Développements régionaux. La céramique, en particulier, permet de suivre cette continuité, clairement perceptible dans les récipients à travers les formes et les techniques de fabrication ou de décoration. Elle est un peu moins aisément décelable dans l'art des figurines en céramique, qui ouvre davantage le champ des variabilités, que dans celui de la poterie, qui conserve mieux les traditions du fait de son côté utilitaire.

Il faut donc à présent dissocier la question des origines de celle d'éventuels contacts entre les côtes du Pacifique nord-équatorial et la Méso-Amérique. Dans les fouilles comme dans les prospections, il n'a été découvert aucun vestige susceptible d'indiquer de tels contacts et l'absence de tout indice nouveau sur ce sujet dispense d'en reprendre ici la discussion. Mais, cette nouvelle thèse d'origines autochtones n'exclut bien sûr pas qu'il y eut des déplacements à une échelle plus réduite, pour gagner des territoires encore vides ou sous-peuplés et mieux répartir ainsi, sur l'ensemble des régions équatoriales, une population qui ne cessait de croître.

Ces groupes culturels paraissent avoir connu une évolution sociale importante : pendant la période Formative, la majorité de la population peut sans doute être rattachée au secteur primaire, mais, au cours de la période suivante, se développent des sociétés organisées en chefferies plus complexes. Au développement des classes d'artisans, s'ajoute celui d'un secteur tertiaire, lié aux pouvoirs politique et religieux. Sur la côte, à côté de groupes de pêcheurs, apparaît une catégorie sociale particulière, composée de marins assurant les trafics locaux et les échanges régionaux.

C'est sans doute lors de cette période que les différents groupes culturels préhispaniques des Andes équatoriales se constituèrent en entités propres, caractéristiques de cette période des Développements régionaux. Cette différenciation se reflète principalement dans la céramique où l'on observe l'abandon des caractères qui constituaient auparavant le tronc commun permettant de relier entre eux les styles chorreroïdes régionaux du Formatif final.

Pendant la période des Développements régionaux, le littoral nord-équatorial accueillait une forte population pour qui l'île de La Tolita, dans l'embouchure du Santiago, devint une métropole régionale. Il est vraisemblable que l'île de La Tolita constitua, dans sa partie la plus abritée, un pôle fluvio-maritime analogue aux centres portuaires modernes de la région, où sont concentrés les sièges du pouvoir politique, économique, religieux et les lieux de commerce.

Les données archéologiques permettent de supposer que se développèrent des agglomérations reprenant le modèle d'établissement antérieur en bordure des cours d'eau, mais qui tissaient un réseau de relations étroites avec des établissements secondaires et ruraux, sans doute spécialisés en partie dans la production agricole. En effet, on a retrouvé, dans l'ensemble de la région, une céramique stylistiquement homogène, malgré quelques variantes spatiales. De même, les figurines en céramique de cette période reproduisent, à des centaines d'exemplaires, les mêmes personnages et les mêmes animaux d'un bestiaire en partie magico-religieux.

Plus au nord, le site de l'île El Morro, à Tumaco, paraît aussi avoir joué un rôle de port et de comptoir, intermédiaire entre la métropole et les villages de « colonisation ». Selon les recherches archéologiques modernes, cette diffusion vers le nord dépassa même l'actuel port fluvial de Guapi et atteignit les environs de Buenaventura. On peut aussi supposer une situation analogue dans la région d'Esmeraldas-Atacames, dans le bassin proche du rio Esmeraldas, avec une diffusion vers le sud sans doute jusqu'à la pointe que forme le cap Galeras.

Vers la fin du Ier siècle de notre ère, dans les figurines en céramique apparaissent, au nord et au sud, des variantes locales ou des innovations. Celles-ci pourraient indiquer une récession de l'influence exercée par l'île de La Tolita, peut-être réduite au bassin du Santiago et n'atteignant plus aussi fortement les autres bassins fluviaux. Le déclin de l'unité culturelle s'explique éventuellement par l'indépendance de territoires trop lointains où la métropole finit par perdre la suprématie.

À La Tolita, des datations ^{14}C de niveaux assez tardifs indiquent une occupation vers la fin de la période des Développements régionaux (entre 90 et 150 après J.-C.). Le matériel céramique livré appartient bien à la tradition Tumaco La Tolita; toutefois, il montre une évolution stylistique tendant à une simplification de la poterie qui abandonne la plupart des traits chorreroïdes présents dans les niveaux plus anciens. Ce déclin, si c'en est un, annoncerait la fin de l'hégémonie culturelle.

La coïncidence des données de chronologie absolue obtenues dans l'ensemble de la région littorale permet aussi de supposer que c'est effectivement vers cette date que prend fin l'hégémonie de La Tolita. Selon les données établies par Valdez, la fin de l'occupation à La Tolita pourrait être située aux alentours de 300 après J.-C. (Valdez, 1987). On constate, en effet, l'extinction plus ou moins simultanée de la phase Tiaone dans la région d'Esmeraldas et celle de la phase Selva Alegre dans le moyen Cayapas-Santiago (Guinea, 1985; De Boër, 1994). Mais le plus clair exemple se trouve plus au nord, à Tumaco El Morro. Sur ce site, un niveau archéologique postérieur à celui de la phase Tumaco La Tolita a pu être fouillé. Il a livré un matériel céramique totalement différent des poteries Tumaco La Tolita. Plusieurs datations ^{14}C provenant de ce site se situent entre 300 et 430 après J.-C. Ce niveau correspond donc bien à une nouvelle occupation de ce site après celle de la culture Tumaco La Tolita.

Pour ce littoral pacifique nord-équatorial, il semble donc possible de suggérer que la période des Développements régionaux prend bien fin aux alentours de 300 après J.-C., et non vers 500 après J.-C. comme il est d'usage d'en fixer le terme moyen pour les autres régions de l'Équateur, selon les schémas de chronologie culturelle les plus répandus.

La période d'Intégration

La période d'Intégration succède à la période des Développements régionaux et débute vers 300-500 après J.-C. Dans la plus grande part des Andes équatoriales, l'Équateur moderne, elle prend fin lors de la conquête inca au XVe siècle, mais elle dure jusqu'à l'arrivée des premiers conquistadors, au XVIe siècle, dans les quelques régions non conquises par l'Empire inca. Cette nouvelle période est marquée par la transformation des sociétés antérieures, qui intègrent les innovations socioculturelles apparues lors de la période précédente. Certains groupes se constituent en grandes chefferies très complexes, tandis que d'autres disparaissent. Dans la région étudiée, les données dont nous disposons sont très fragmentaires, parfois contradictoires ou, pour le moins, discordantes.

Parmi les vestiges archéologiques directement observables, pour l'ensemble de l'Équateur, on date de cette période la plupart des monticules artificiels, appelés *tolas*. Cependant, toutes ces *tolas* ne sont pas si tardives : à La Tolita, les fouilles ont montré que les monticules présents sur l'île furent construits dès la période des Développements régionaux (Valdez, 1987). En outre, pour La Tolita, cette période reste une époque d'obscurité presque absolue car aucun vestige qui puisse être attribué à la période d'Intégration n'y a été découvert. En revanche, dans la région d'Esmeraldas (en Équateur), comme dans la région de Tumaco (en Colombie), les fouilles dans les monticules ont donné des datations ^{14}C correspondant à la période d'Intégration pour les vestiges contemporains de la création de ces *tolas*. De même, à Tierra Firme, un site proche de La Tolita, une couche archéologique en place, située sous la base d'une *tola*, a donné une datation ^{14}C de 1700 ± 220 BP (Gif, 6816), soit aux environs de 250 de notre ère; cela prouverait que cette *tola* ne fut construite qu'après cette date, et donc, assez tardivement.

Cette absence d'occupations postérieures à 300 après J.-C. à La Tolita est toutefois la source de questions qui demeurent sans réponses tant sur les causes du déclin culturel que sur le sort des populations de l'île. Cet éventuel abandon demeure inexpliqué : y eut-il un phénomène (ou une série de phénomènes associés) qui mit fin à cette culture régionale, comme la succession rapprochée de conditions climatiques désastreuses, éventuellement liées à des méga-Niños, ruinant un système économique fragilisé[1]? ou y eut-il d'autres causes plus sociopolitiques qu'économiques? On ignore encore si ces populations disparurent aussi dans l'ensemble de la région. Si elles survécurent ailleurs, après l'abandon de l'île, on ignore aussi sous quelle forme elles le firent et où elles étaient établies.

À ces questions, l'existence d'occupations très différentes et un peu plus tardives établies tant au nord, à Tumaco, qu'au sud, dans la région d'Esmeraldas, et qu'à l'est, dans celle du moyen Santiago-Cayapas, ne répond encore que très partiellement. Il est difficile de déterminer si ces occupations postérieures à l'abandon de La Tolita correspondent à une continuité, à une reprise ou à une mutation, faisant suite à un déclin, voire une disparition temporaire de cette culture phare. Ou bien, s'agit-il de l'arrivée de nouveaux groupes culturels se substituant à celui de la phase Tumaco La Tolita, comme le laisserait plutôt penser l'occupation tardive qui a été découverte à Tumaco El Morro? Dans la région d'Esmeraldas, les phases Balao et Atacames semblent sans relation avec la phase Tiaone, parente proche de la phase Tumaco La Tolita. Au nord, vers le IXe ou

1. Le phénomène appelé Niño est dû à l'arrivée des masses d'eau chaude de l'océan Pacifique sur la côte américaine équatoriale (Nord du Pérou, Équateur et Sud de la Colombie). Il possède un cycle imprévisible et irrégulier. Quand il est très fort on le qualifie de méga-Niño. Il est dévastateur car il entraîne, suivant les régions, des inondations catastrophiques ou des sécheresses intenses. Il peut aussi s'accompagner d'une remontée assez forte du niveau marin. En 1995, pendant toute la durée du phénomène, le Centre de contrôle de contamination du Pacifique de la Marine de Colombie a pu mesurer une remontée de plus de trente centimètres sur son site en bordure de la plage de Tumaco El Morro. La succession rapprochée de plusieurs Niños ruinerait sans doute la production agricole régionale en empêchant les systèmes de drainage des cultures d'être efficaces. Associée ou non à d'autres catastrophes (comme un raz de marée), nous pouvons penser qu'elle aurait suffi à déstabiliser complètement l'économie de cette civilisation.

le xe siècle de notre ère, la phase Bucheli, découverte dans la région de Tumaco, semble totalement séparée des phases antérieures par un hiatus de plusieurs siècles. Enfin, dans les bassins fluviaux du Cayapas et du Santiago, à quelques dizaines de kilomètres en amont de La Tolita, les fouilles ont mis au jour des niveaux datés des alentours des xe, xie et xiie siècles après J.-C. Tous ces niveaux archéologiques indiquent bien une rupture avec les traditions antérieures.

Quoi qu'il en soit, à l'arrivée des premiers Européens, la grande époque d'apogée était achevée depuis longtemps. Il semble toutefois que survivaient certaines traditions qui paraissent héritées de cette exceptionnelle période d'hégémonie. Là, ce ne sont plus les données archéologiques qui nous éclairent, mais les textes des premiers Européens qui ont pénétré dans la région quelques années après les expéditions de découverte. C'est dans la relation de Cabello de Balboa (1583) que l'on trouve une référence qui semble bien correspondre à la région de La Tolita. Il y fait mention d'un fleuve qui était alors tenu pour un lieu de culte par les indigènes. Ceux-ci venaient y déverser des offrandes de poudre d'or. Une centaine d'Indiens y résidaient en garnison et étaient entretenus sur place par les divers groupes indigènes de la province.

« Entre la bahía de San Mateo y Ancón de Sardinas, hay un pequeño río, el cual, los caribes de aquellas riveras tienen por adoratorio y santuario, y traen oro en polvo de la tierra adentro metido en sus canastillos delgados y haciendo sus oraciones, cuales ellos son, lo derraman en él ; en aquella parte están de guarnición cien indios o más, sustentados por los de la Provincia, y estos se mudan a tiempo y defienden bien su partido » (Cabello de Balboa, 1583, *Verdadera descripción de la provincia y tierra de las esmeraldas*, Quito, 1945).

De l'avis des divers archéologues spécialistes de la région, ce fleuve mentionné par Cabello de Balboa comme un lieu sacré pourrait bien être le rio Santiago et la garnison indigène était peut-être basée à La Tolita ou dans ses environs proches, assurant la garde d'un lieu toujours culturellement important. L'information ne précise toutefois pas davantage la fonction de l'île à cette époque des premiers temps de la colonie : on ne peut savoir si l'ancienne métropole régionale conservait encore un rôle funéraire, culturel ou commercial ou si l'on continuait de la garder en souvenir d'une époque déjà lointaine et révolue. Pour l'île même de La Tolita, l'occupation indigène ponctuelle mentionnée par les premiers Européens refléterait le fait qu'à partir de l'abandon, elle ne connut plus qu'un gardiennage assuré par les populations voisines qui continuaient de la vénérer pour des raisons essentiellement rituelles. Quelles que soient les réponses demeurant à apporter sur les raisons du déclin de cette culture et de sa fin, cette continuité ténue qui relie l'époque de l'apogée culturel à celle de l'arrivée des Européens, plus d'un millénaire après, témoigne sans doute du respect des derniers groupes indigènes préhispaniques pour certaines des coutumes de cette ancienne civilisation.

Par la suite, l'attitude des indigènes du xviiie siècle fut bien différente. Un témoignage précieux nous est donné par le franciscain Juan de Santa Gertrudis, qui visita vers le milieu du xviiie siècle cette région côtière. Ce moine franciscain s'intéressait plus que ses contemporains aux vestiges des civilisations indigènes et il fut par ailleurs l'un des tout premiers à faire mention de la statuaire préhispanique de San Agustín, dans le Sud-Est de la Colombie. Il précise que le nom de La Tola (nom donné aussi à La Tolita) vient bien d'un mot de la langue vernaculaire locale, *tola*, qui signifie littéralement « amas de terre », c'est-à-dire, pour des archéologues, « monticule artificiel ». Le terme *tola* est d'ailleurs entré dans l'usage courant pour les archéologues spécialistes de la région.

À propos de La Tolita, Juan de Santa Gertrudis rapporte que cet endroit était bien connu pour ses sépultures anciennes, régulièrement détruites par l'action des eaux de marée, ce qui permettait aux indigènes de découvrir des figurines en céramique et divers vestiges d'orfèvrerie. Il n'y avait donc plus, selon son témoignage, aucun culte funéraire ni de maintien de l'ancienne nécropole par les indigènes de la région.

« *[...] Llaman a este pueblo La Tola, porque está lleno de tolas, que quiere decir montones de tierra [...]*

Estas tolas son entierros de los indios antiguos, y como ellos se enterraban con cuanto tenían, en alguna se ha encontrado bastante riqueza.

Allí el mar tiene sus mareas, y cuando sale queda un pedazo de playa de lo que el agua se retira delante del pueblo, y entonces van los indios a ver si hallan alguna cosa que de las tolas que poco a poco va lavando el mar cuando entra de varias tolas que estan en la raya, y poco a poco se las va comiendo el mar con sus entradas. Hállanse allí por lo regular varias figuritas hechas de barro con mucha perfección [...] Hállanse también unas cuentecitas de oro hechas de filigrana, tan chicas como la cabeza de un alfiler [...] » (Santa Gertrudis, *Maravillas de la naturaleza*, Tomo III, p. 192).

Les sites archéologiques

On ne peut décrire ici tous les sites découverts dans l'ensemble de la région, mais il est toutefois utile de revenir sur quelques-uns d'entre eux, qui semblent représentatifs d'un modèle préhispanique d'établissement.

La constante qui préside au choix des établissements est leur grande proximité des cours d'eau, importants ou mineurs ou, souvent, leur emplacement sur les berges mêmes (photos 11-14 et fig. 8 et 9). Ce sont surtout les sites de la période la plus remarquable, la phase Tumaco La Tolita, qui ont retenu l'attention des archéologues, mais il existe aussi quelques sites qui correspondent à des occupations superposées, montrant que les diverses populations préhispaniques choisissaient souvent de s'implanter au même endroit que leurs prédécesseurs. Enfin, on verra que quelques sites semblent plus tardifs, comme celui d'Atacames, au sud d'Esmeraldas, qui correspond à la période d'Intégration, postérieure à celle des Développements régionaux.

À La Tolita, le site principal est ainsi construit tout près du rivage de l'île qui donna son nom en Équateur à la culture préhispanique qui y prospéra. Dès les premiers mètres à partir du rivage, des vestiges témoignent de la présence d'occupations à l'époque préhispanique : ainsi, on peut voir dans les coupes naturelles des berges des couches de tessons ou même des poteries encore en place. Non loin, à quelques dizaines de mètres du bord de l'eau, fut découvert un ensemble funéraire, où se superposaient plusieurs inhumations appartenant à des époques diverses (Valdez, 1986, 1987). Ce site, Mango Montaño, est l'un des très rares exemples qui ont pu être étudiés par des archéologues avant d'avoir été saccagés par des pilleurs de tombes (*guaqueros*) qui habitaient pourtant à quelques mètres! La superposition de plusieurs sépultures indique que ce site fut utilisé à diverses phases d'occupation. Aucune de ces sépultures n'a livré de riches offrandes funéraires, mais elles montrent une évolution des modalités d'inhumation au long de l'époque préhispanique.

PHOTO 11 – Le site archéologique de La Tolita-Cancha (rio Santiago, Équateur).
Sur le grand espace, artificiellement aplani à l'époque moderne, se trouvait le site de La Tolita Cancha, jouxtant les premières *tolas*. L'implantation est caractéristique des modèles de l'époque, sur une rive facile d'accès à partir du cours d'eau.

PHOTO 12 – Tola à Tierra Firme (rio Santiago, près de La Tolita, Équateur).
L'érosion fluvio marine très forte sape les rives de cette partie basse du fleuve. Elle a presque coupé en deux un monticule artificiel de la période préhispanique. À la base, près du niveau actuel des hautes eaux une couche horizontale de tessons *in situ* montre qu'une occupation préhispanique précéda la construction du monticule.

PHOTO 13 – Vue d'ensemble du site Inguapi (plaine côtière proche de Tumaco, Colombie).
Au premier plan, se trouve l'*estero* Inguapi qui mène à la mangrove visible en arrière-plan. Le site archéologique est établi sur la berge de ce chenal de marée. Le site fut occupé par plusieurs groupes indigènes successifs mais seuls les monticules artificiels, correspondant à une occupation tardive, sont un indice visible sans fouille de l'occupation préhispanique.

PHOTO 14 – Monticules artificiels à Inguapi (plaine côtière proche de Tumaco, Colombie).
Au centre de la photo se trouve le principal monticule du site archéologique. Il est entouré à gauche et à droite de monticules de taille inférieure. Sous le niveau de ces monticules artificiels, la fouille a mis au jour de plus anciens niveaux archéologiques, établis sur la topographie naturelle et correspondant à la phase Tumaco La Tolita.

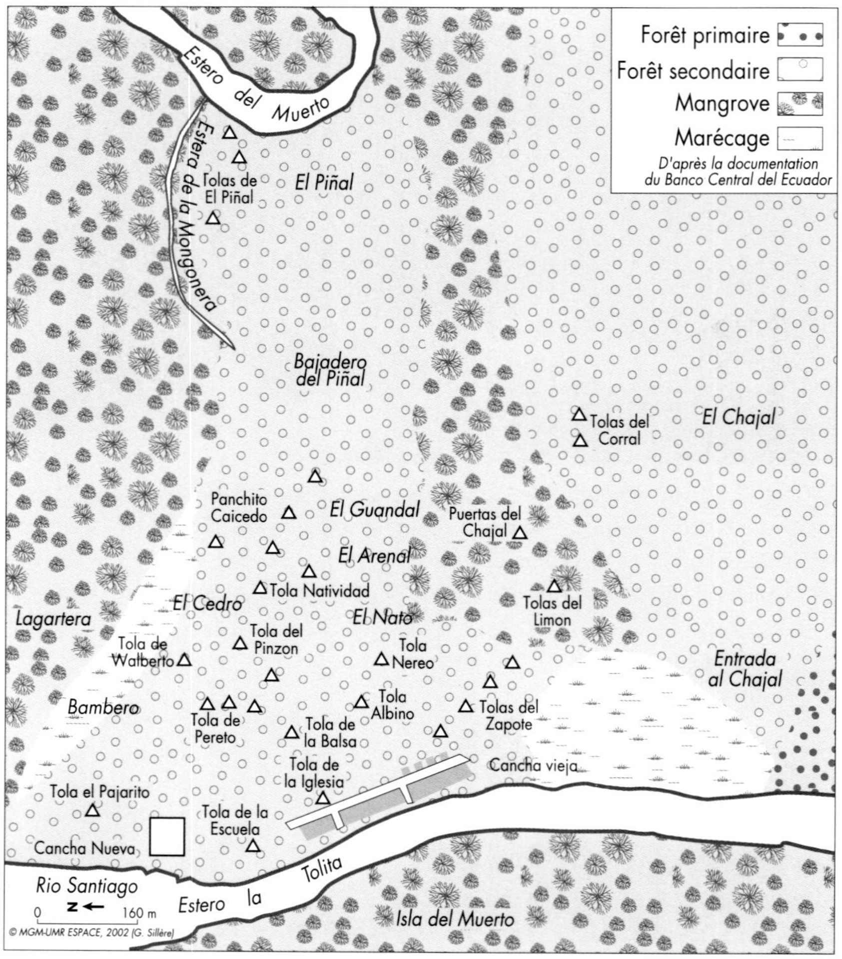

Figure 8 – Site de La Tolita Pampa de Oro.

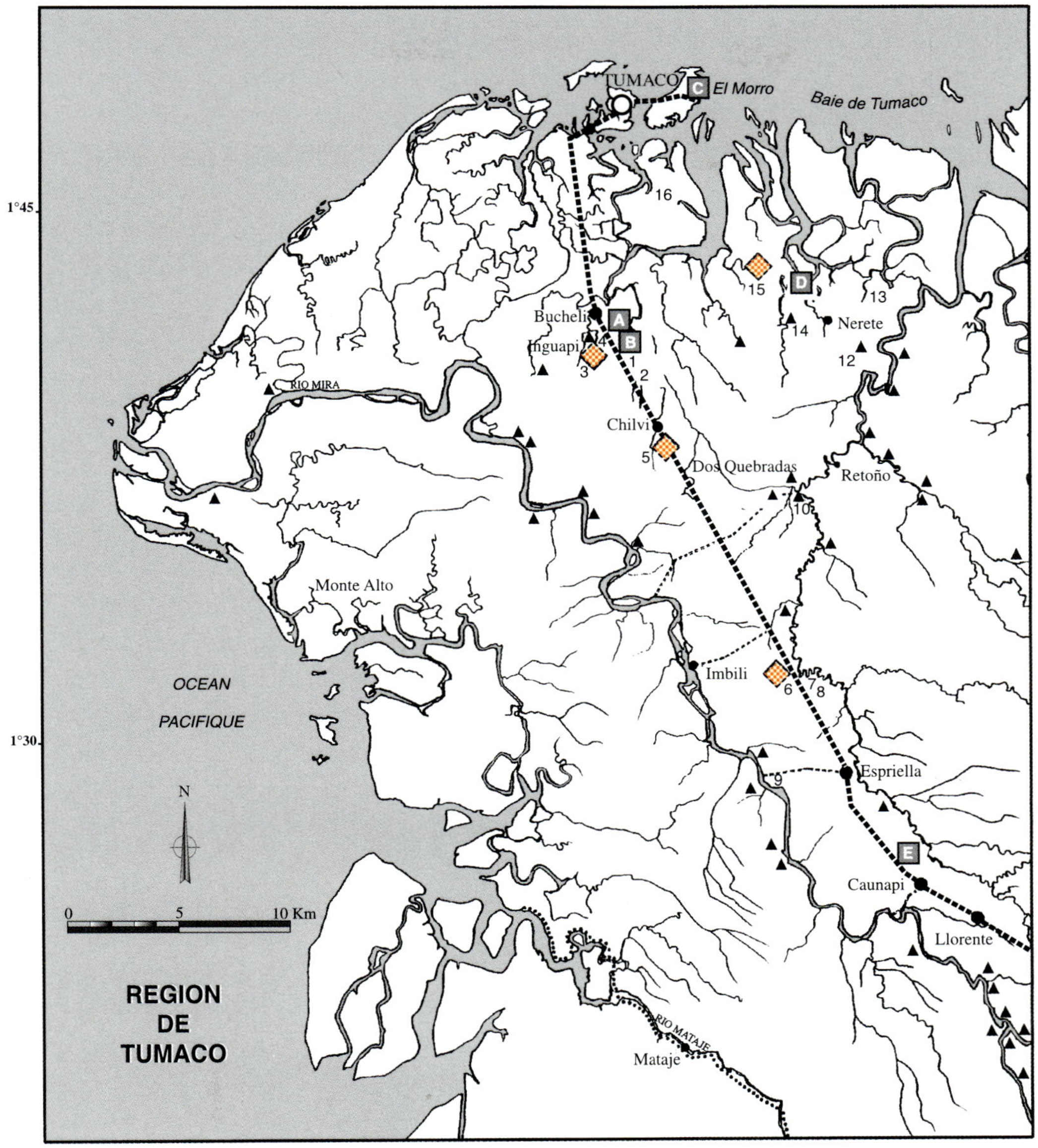

FIGURE 9 – Carte de la région Tumaco : sites archéologiques et placers

Les sites archéologiques sont repérés alphabétiquement de A à E (El Morro correspond à la lettre C) et par des chiffres de 1 à 16.

Les symboles ▲ indiquent l'emplacement des placers aurifères actuels.

Les losanges (◈) localisent les champs de cultures précolombiens drainés.

Au-delà, dans un vaste secteur qui s'enfonce dans la forêt, se trouve le site principal, où furent découverts les célèbres monticules artificiels *(tolas)* sur lesquels étaient jadis construits des édifices sans doute à usage cérémoniel. Ceux-ci ont totalement disparu, sans laisser de traces, du fait de leur construction en matériaux périssables : bois et autres matières végétales, ou simple terre crue séchée au soleil. Seules quelques « maquettes » en céramique nous donnent une idée assez précise de leurs formes (photo 15). C'étaient sans doute des constructions à plan rectangulaire, comportant un seul niveau, surmontées d'un toit pentu pour les protéger des pluies très abondantes. Rien ne vient indiquer une architecture plus complexe, aux plans plus élaborés. Il est probable que ces édifices, rituels ou cérémoniels, étaient liés d'une manière ou d'une autre à un ensemble de cultes funéraires se déroulant sur cette île-nécropole. Déjà repérés peu après la conquête, les monticules artificiels de La Tolita ont été visités par quelques archéologues célèbres au cours du XXe siècle. Ainsi, Saville, Uhle, Ferdon, Rowe et Meggers ont-ils pu voir ce site aussi important que prestigieux. Mais ils ne purent les étudier au-delà de simples observations et relevés.

Tout autour, des centaines de trous encore ouverts témoignent de l'acharnement méthodique des *guaqueros* à piller les sépultures de La Tolita. Du fait de ces pillages, on ne sait rien sur les contextes funéraires et seuls les vestiges de haute valeur commerciale ont été récupérés. Toutefois, on sait qu'au début du siècle le propriétaire de l'île, A. I. Sánchez, découvrit au moins un trésor enfoui dans une *tola*. Il s'agit d'une urne funéraire de grande taille, en forme de parallélépipède, qui contenait les restes osseux d'un enfant ainsi que de riches et nombreuses offrandes d'orfèvrerie (Farabee, 1921). À notre connaissance, hormis la fouille récente de Valdez, c'est la seule inhumation pour laquelle il existe quelques informations détaillées sur son contenu. En outre, il semblerait que ces offrandes funéraires n'aient pas été dispersées au hasard des ventes : elles sont conservées aujourd'hui à Philadelphie, au musée de l'université de Pennsylvanie.

Le propriétaire suivant, D. Yanucelli, avait entrepris d'exploiter ces *tolas* comme de vulgaires mines d'or, allant jusqu'à établir une véritable entreprise mécanisée de pillage. Le gouvernement équatorien put toutefois faire cesser cette activité en faisant valoir qu'il n'existait pas de gisement naturel d'or sur l'île et qu'il s'agissait donc bien du pillage d'un patrimoine culturel. Après quelques années de trêve, toute relative car les *guaqueros* locaux sévissaient encore après son départ, il fut cependant possible d'entreprendre brièvement quelques fouilles archéologiques pour étudier les quelques espaces encore accessibles à la recherche (Valdez, 1986, 1987; Valdez *et al.*, 1989; Bouchard, 1988, 1989).

Les fouilles de Valdez sur le monticule Tola del Pajarito ont permis de découvrir le processus de construction de ce monticule. Dans un premier temps, lors de la période d'apogée, vers 75-90 de notre ère, le sol naturel de l'île fut dépouillé de sa végétation que l'on fit brûler pour préparer la construction du monticule, formé d'accumulation de terre prise aux environs. Au terme de cette première étape, le sommet s'élevait à environ deux mètres au-dessus du niveau du sol naturel. Il supportait sans doute une structure cérémonielle construite en matériaux périssables. Puis, dans une seconde étape, après avoir de nouveau brûlé la superficie, on rehaussa ce premier monticule jusqu'à une hauteur de 5,60 m et l'on augmenta considérablement son volume en rajoutant de la terre sur le noyau de base. Il est vraisemblable que les autres monticules de l'île furent aussi rehaussés au cours de la période d'environ deux ou trois siècles précédant l'abandon de l'île, au cours du IVe siècle de notre ère (Valdez, 1987).

Photo 15 – Représentation de construction (Phase Tumaco La Tolita).
Cette céramique exceptionnelle représente dans sa partie supérieure une construction Tumaco La Tolita. Il est possible que la partie médiane et la partie inférieure évoquent un monticule artificiel (une *tola*) au sommet duquel se trouve l'édifice. La peinture de motifs géométriques noirs sur fond blanc est un type de décor plutôt rare mais très caractéristique de la céramique de Tumaco La Tolita (hauteur : environ 20 cm). (Collection privée).

Aujourd'hui, il semblerait que ces mêmes *guaqueros* ont détruit presque tous ces monticules artificiels qui firent à la fois la renommée et la ruine du site éponyme (Valdez, communication personnelle).

Ailleurs, les restes archéologiques sont moins visibles et moins importants : près de La Tolita, on a aussi découvert divers sites, avec ou sans monticules, attribuables sans contestation à la période préhispanique Tumaco La Tolita. Dans certains, des niveaux d'occupation plus profonds ont même permis de constater la présence de céramique un peu plus ancienne. Avant la période d'apogée, représentée par les niveaux Tumaco La Tolita classique, ces lieux étaient déjà occupés par des groupes de l'époque antérieure, que l'on peut rattacher à la période Formative finale, ce qui atteste de la pérennité des choix d'établissement près de l'eau. Dans une grande mesure, il nous semble que ces prédécesseurs possédaient déjà une grande part du « bagage socioculturel » des populations Tumaco La Tolita et qu'ils en sont des ancêtres sans doute très directs (Bouchard, 1992).

En amont de La Tolita, sur les cours moyens des rios Santiago et Cayapas, les recherches menées par De Boër et Tolstoy ont aussi souligné l'importance du milieu aquatique pour les sites qu'ils ont étudiés. Mais, selon les phases identifiées dans cette région, les populations alternent les emplacements de leurs habitations. D'abord, les sites sont établis près des berges des principaux cours d'eau pendant les phases culturelles Selva Alegre et Guadual, qui correspondent à l'apogée de La Tolita. Selon De Boër, cela reflète une relation, sans doute assez étroite, entre ces sites de l'intérieur et l'île de La Tolita et sa culture. Après le déclin de La Tolita, les sites archéologiques de la phase postérieure, Herradura, paraissent indiquer un repli vers l'amont des populations indigènes et surtout leur implantation le long de cours d'eau secondaires. Ces populations étaient alors sans doute plus isolées et avaient de moindres contacts avec le milieu littoral.

Dans la région d'Esmeraldas, les sites que l'on peut rattacher à la phase Tiaone, version locale et méridionale de la phase Tumaco La Tolita, observent le même modèle d'établissements sur des cours fluviaux. Selon Guinea, le principal établissement régional, situé sur cette côte, reste celui d'Atacames. Il appartient à une période beaucoup plus tardive (celle dite d'Intégration) et témoigne d'une grande activité dans cette zone alors que toute la région Nord paraît être tombée, depuis longtemps, dans un grand vide culturel (Guinea, 1982, 1984). Il semble que la région d'Esmeraldas, et en particulier le site d'Atacames, était alors reliée par des échanges commerciaux intenses avec d'autres cultures qui prospéraient sur la côte centrale de l'Équateur (Guinea, 1995). De cette période tardive dateraient tous les grands monticules du site d'Atacames, étudié par la mission archéologique espagnole à Esmeraldas (Alcina Franch, 1979).

On est d'ailleurs conforté dans cette analyse par les premières descriptions des conquistadors qui découvrirent la région. Tandis qu'ils ne disent presque rien des villages rencontrés au nord d'Esmeraldas, ils soulignent l'importance d'Atacames (*Tacamez*, pour eux). Là, ils découvrirent plus de quatre cents maisons indigènes et ils purent s'approvisionner largement. C'était pour eux la première manifestation tangible de l'existence de villes indiennes sur ce littoral de l'Amérique du Sud, où, depuis leur départ de Panamá, ils n'avaient rien vu de comparable sur des centaines de kilomètres de côte.

En effet, bien qu'il ait passé près d'un an face à Tumaco dès ses premières expéditions, Pizarro ne mentionne pas de villages indiens dans cette région. Plus tard, les chroniqueurs s'accordent pour dire que ces Indiens vivent dans des arbres où ils établissent des *barbacoas* qui leur servent de maisons, ce qui donna son nom à la région de Barbacoas. Mais on ne sait que penser de cette dénomination. S'agissait-il de plates-formes construites en hauteur dans les branches? de huttes au sommet des arbres? ou encore de maisons sur de hauts pilotis, improprement traduites comme étant des habitations dans des arbres? Certains dessins montrent des Espagnols abattant à la hache des arbres d'où résistent des Indiens armés. Ils illustraient ces textes mentionnant des *barbacoas* mais reproduisent-ils de réelles habitations?

L'archéologie est désarmée pour donner une réponse précise : en effet, les fouilles diverses ne mirent au jour aucun vestige de cette période de contact. Dans la région de Tumaco, les plus récentes occupations préhispaniques datent des alentours de la fin du Ier millénaire de notre ère et il est bien difficile de savoir si les populations auxquelles elles correspondent ont perduré pendant cinq siècles jusqu'à la conquête espagnole (Bouchard, 1982-1983). De Tumaco à Buenaventura, on connaît surtout des sites plus anciens, juste antérieurs à l'apogée de Tumaco La Tolita ou contemporains de la phase classique (Bouchard, 1982-1983, 1992, 1999; Patiño Castaño, 1987, 1989, 1993; Salgado et Stemper, 1991, 1995). Tous semblent correspondre à des groupes privilégiant un choix d'implantation près de cours d'eau (fleuves et rivières ou chenaux de marées). Pour la plupart, ils ne comprennent que des vestiges matériels de céramique fort abondants (tessons et fragments de figurines) et, parfois, quelques petits débris d'orfèvrerie, sans conteste rattachables à la culture Tumaco La Tolita.

On doit aussi signaler un site particulier, que nous avons pu étudier sur une plage naturelle de l'île d'El Morro, à Tumaco (photo 16). Donnant directement sur la baie de Tumaco, il profite d'une plage de l'île non exposée à la puissante houle de l'Océan. Cette ancienne occupation est sans doute le témoignage du choix d'établir, sur l'île, un port maritime où se rassemblaient les navigateurs partant pour La Tolita ou arrivant de cette grande métropole. Ce serait, grâce à la protection exceptionnelle de cette plage qui regarde vers le continent, l'unique site proprement côtier connu pour cette période, car les autres, s'il ont existé, ont sûrement été détruits par l'érosion marine qui sculpte sans relâche des profils de côte différents. On peut d'ailleurs douter qu'il y en eût car les Amérindiens avaient certainement conscience qu'il était plus sage de s'établir un peu en retrait de la côte, tout en gardant le moyen d'accéder rapidement à la mer par les fleuves et chenaux de marée. Mais El Morro a aussi permis de mettre au jour une occupation postérieure très intéressante, postérieure au déclin de la culture Tumaco La Tolita. Selon nous, il est fort probable que ces nouveaux occupants d'El Morro ne voyaient là qu'une escale abritée sur leur route maritime et qu'ils ne souhaitaient pas s'établir dans l'intérieur de la plaine. Ils diffèrent donc radicalement des groupes antérieurs de la phase Tumaco La Tolita qui effectuèrent une réelle colonisation de la plaine littorale (Bouchard, 1999).

On doit enfin revenir sur l'existence, récemment découverte, de sites d'aménagements agricoles non loin des sites d'habitat de la période Tumaco La Tolita. Ils existent aussi bien près de La Tolita que près de Tumaco (photos 17 et 18). Leur découverte a bouleversé les anciennes interprétations de l'économie de ces populations préhispaniques du littoral.

PHOTO 16 – Le site du port El Morro à Tumaco (Colombie).
Sur un grand espace entre les quais du port moderne et le promontoire de l'arrière-plan se trouvait le site archéologique. Il bordait la plage naturelle encore visible au centre gauche de la photographie. Il se prolongeait au-delà, sur environ 1,5 km, là où se trouvent actuellement les installations portuaires. La majeure partie fut détruite, vers le milieu du XXe siècle, par la construction du port moderne.

En effet, pendant longtemps on a pensé, comme le fait par exemple Reichel Dolmatoff, que ces populations, supposées venir d'autres régions, n'avaient pas pu ou su s'adapter à un milieu naturel trop hostile et qu'elles avaient progressivement perdu leurs acquis, faute de pouvoir y développer une économie prospère (Reichel Dolmatoff, 1965, 1979, 1987). L'hypothèse date, bien sûr, d'une époque où les contraintes du milieu naturel étaient surestimées : analysées en termes de productivité agricole, elles paraissaient avoir été si puissantes qu'elles avaient conduit la culture Tumaco La Tolita sur la voie d'une récession, voire d'une sorte de dégénérescence culturelle. On avait alors peu d'évidences directes ou indirectes d'agriculture dans la région côtière nord-équatoriale. Or, certains archéologues ont du mal à concevoir qu'il est possible, sans une forte production agricole, de développer durablement des sociétés complexes, hiérarchisées et produisant un ensemble de réalisations dont témoignent les vestiges artistiques, par exemple. En se focalisant sur la pauvreté supposée du milieu littoral, il est clair que l'on sous-entendait qu'il avait été impossible pour des groupes culturels de haut niveau, venus d'ailleurs selon ces chercheurs, d'y maintenir leur prospérité. Ces populations auraient été, en quelque sorte, victimes de leur mauvais choix d'immigration sur une côte équatoriale trop hostile. Ensuite, prises au piège de ces mangroves, elles auraient végété économiquement pour tomber dans une déchéance culturelle irrémédiable. Enfin, elles se seraient éteintes sans laisser aucune descendance et sans avoir cherché à quitter ces rivages trop inhospitaliers. On se demande quand même pourquoi, alors, elles n'auraient pas cherché à quitter cet « enfer ». Malgré tout, une telle proposition fut retenue pendant longtemps sans susciter d'autres explications. Elle reposait toutefois sur un postulat qui était inexact comme l'ont montré de récentes découvertes.

Photos 17 et 18 – Canaux de drainages et billons (région de Tumaco, Colombie).
Dans la plaine alluviale proche de Tumaco, de vastes espaces furent aménagés par les populations préhispaniques pour établir des cultures. Elles creusèrent des canaux pour drainer l'eau stagnante des crues et des pluies et l'évacuer dans les cours d'eau. La terre extraite lors du creusement des canaux formait des billons, ou talus surélevés, qui permettaient de pratiquer une agriculture intensive.

En dépit de conditions difficiles bien réelles (comme les pluies intenses et très fréquentes, l'humidité permanente, la pauvreté des sols agricoles, etc.), ce milieu littoral n'interdit pas toute forme d'agriculture. L'étude globale de la région, et non plus des seuls sites d'habitat, avec ou sans monticules, a apporté un nouvel éclairage sur cette agriculture des groupes préhispaniques du littoral.

Certes, les milieux sableux de la côte sont peu aptes à être mis en culture et, vers le piémont, les sols lessivés et érodés par les pluies sont, eux aussi, peu fertiles. Mais, dans la plaine alluviale, derrière le rideau de mangrove, nous avons pu découvrir qu'il existe des zones dans lesquelles on peut établir des cultures vivrières. Toutefois, il faut savoir les aménager au moyen de drainages qui évacuent, lors des périodes les plus humides, les eaux des pluies torrentielles et des crues. Ces systèmes sont appelés localement *camellones de cultivo* pour mettre l'accent sur les billons formés de la terre extraite lors du creusement des canaux de drainage et amassée en bordure des canaux. On peut ainsi cultiver sur de hauts talus exondés. De tels champs surélevés, établis près des sites d'habitat préhispaniques, peuvent aménager, sur une surface donnée, environ la moitié ou un tiers de terres, normalement détrempées en totalité. Ils ont aussi un autre avantage : le curage régulier des fossés entre les billons est indispensable à leur bon fonctionnement, et, en rehaussant les billons avec les détritus qui encombrent ces fossés, on leur apporte du même coup un engrais naturel très efficace pour les fertiliser et maintenir leur productivité. Le système est donc durable, au prix d'un entretien régulier relativement simple.

Ces *camellones de cultivo* sont comparables à ceux des vastes systèmes hydrauliques établis dans le Nord de la Colombie pour drainer les crues des rios Sinu et San Jorge et dans le bassin du Guayas, en Équateur. Grâce à de telles techniques, les populations du littoral pouvaient cultiver, de manière intensive, diverses plantes alimentaires de haute valeur nutritive, comme le maïs, qui exige des sols exondés. Sa culture est d'ailleurs bien attestée par les très nombreux instruments de mouture trouvés dans les sites : mains de meules et meules dormantes révèlent sa consommation à l'époque Tumaco La Tolita et nous savons que sa culture était bien le fait des populations locales. Nous comprenons à présent bien mieux l'équilibre atteint par ces populations préhispaniques qui aménageaient le milieu naturel et le ménageaient par une gestion que l'on pourrait presque qualifier d'écologique avant l'heure.

Céramique et chronologie culturelle

La part de la céramique dans les vestiges archéologiques provenant de cette région est immense. Elle représente sans doute plus de 90 % des objets découverts dans la plupart des sites. La terre cuite est un matériau qui se conserve fort bien et c'est aussi l'un des plus abondamment employés. La céramique témoigne donc en premier lieu des productions préhispaniques, à côté de quelques vestiges d'orfèvrerie et de quelques objets de pierre (haches, herminettes, ciseaux, poids de filet, pierres à moudre). Parmi les objets de cette céramique, deux grandes catégories prédominent : les récipients et les célèbres figurines. On compte aussi une troisième catégorie, hétéroclite, qui regroupe divers objets utilitaires. Ce sont des instruments et outils tels que des sifflets (parfois en forme de figurines), des râpes à main (aussi interprétées comme des outils à écailler le poisson), des fusaïoles ou pesons de quenouilles, des embouts de cannes de soufflage qui servaient à aviver les feux et foyers de braises, etc.

Dans toute cette région, les récipients de céramique ne sont presque jamais découverts intacts. Seules quelques très rares pièces de poterie appartenant à la culture Tumaco La Tolita sont ainsi parvenues dans les collections, mais elles sont en nombre insuffisant pour qu'on puisse s'en servir pour une étude de céramologie. Celle-ci n'a donc pu être réalisée qu'assez tard sur des corpus constitués à partir des fouilles archéologiques effectuées par les chercheurs. Dans la grande majorité des cas, ce sont des vases fragmentés et incomplets, voire des tessons isolés, qui servent aux classifications. Ces études, minutieuses et ardues, paraissent bien austères et rébarbatives aux non spécialistes. Toutefois, ce sont souvent elles seules qui permettent d'appréhender la complexité de l'évolution chronoculturelle de cette région à travers la diffusion des traditions céramiques. C'est pourquoi l'on en rappellera ici les grandes lignes sans trop discuter les détails. Ces quelques pages ne sauraient être évitées par les auteurs. Le lecteur non céramophile pourra, bien sûr, faire l'impasse, et aller aux pages qui traitent des figurines et de l'orfèvrerie.

Les études des récipients en céramique

En Colombie, la première classification détaillée fut réalisée sur le matériel découvert dans plusieurs sites de la région de Tumaco (Bouchard, 1983, 1984). Le plus ancien corpus (Inguapi 1) est daté des environs de 325 avant J.-C. Il est apparenté par divers traits à la céramique équatorienne de la fin de la période Formative et du début de la période des Développements régionaux[2]. Il semble proche de la céramique des niveaux 1 et 2 du site de Mataje, sommairement décrite par Reichel Dolmatoff (Reichel Dolmatoff, 1965, 1987).

Il est suivi, entre 270 avant J.-C. et 50 après J.-C., par une série de trois corpus correspondant à la période des Développements régionaux (Inguapi 2, Balsal, Nerete). Ces corpus montrent que la céramique se simplifie par rapport au corpus d'Inguapi 1, aussi bien sur le plan technologique que morphologique et décoratif, mais ils conservent toutefois une évidente parenté avec lui.

Ensuite, daté entre le IVe et le Ve siècle après J.-C., le corpus El Morro témoigne, en revanche, d'une claire rupture avec les traditions céramiques antérieures. La morphologie des récipients et leurs décors diffèrent, de même que les rares fragments de figurines associés. En outre, l'argile utilisée se distingue elle aussi de l'argile habituellement employée lors des phases précédentes. Cette céramique El Morro n'apparaît toutefois, sur toute la côte proche de Tumaco, que sur le site éponyme et, peut-être, dans un autre site proche.

Enfin, le corpus Bucheli, daté des environs de 1000 après J.-C., est caractérisé par des récipients totalement différents, au décor incisé, géométrique, avec des lignes hachurées parallèles ou réticulées, placées en bandeau horizontal près de l'ouverture du vase. Cette céramique Bucheli représente aussi une nouvelle tradition céramique, beaucoup plus fruste que les précédentes.

2. En 1978, à Bogotá, au cours du classement de la céramique de la fouille d'Inguapi, l'archéologue Henning Bishof, l'un des meilleurs spécialistes de la céramique du Formatif final équatorien, qui ignorait la provenance de ces tessons, s'étonna de me voir étudier en Colombie une « céramique équatorienne formative »! Je lui exprime ici ma reconnaissance pour ce diagnostic spontané qui contribua à confirmer l'hypothèse d'une origine équatoriale de ce matériel alors en cours d'étude.

Pour les sites de la région côtière au nord de Tumaco, sur les rives du rio Patía, le matériel archéologique correspond à deux phases appelées Buena Vista et Maina (Patiño Castaño, 1991). La plus ancienne, Buena Vista (datée entre 70 et 490 après J.-C.), présente un matériel céramique proche du matériel des phases Balsal et El Morro tant par les décors que par les données chronologiques associées (Patiño Castaño, 1991). Toutefois, ce matériel céramique de la phase Buena Vista semble être plus fruste et moins riche en variétés décoratives que celui de la région proche de Tumaco, au sud.

Le matériel céramique de la phase Maina, daté de 880 après J.-C., est assez proche chronologiquement de celui de la phase Bucheli, mais il n'offre toutefois pas de similarités avec cette céramique tardive (Patiño Castaño, 1991). Ce dernier point semble indiquer que les traditions céramiques les plus tardives de la côte pacifique nord-équatoriale en Colombie, se développèrent plutôt séparément les unes des autres et sans références aux traditions antérieures.

En Équateur, avant les recherches du programme La Tolita, il n'existait pas de classification équivalente pour le matériel découvert dans la région de La Tolita. En effet, alors que les figurines en céramique Tumaco La Tolita ont fait l'objet d'études stylistiques ou iconographiques plutôt nombreuses, les récipients sont restés dans l'ombre jusqu'au programme La Tolita, entrepris à partir de 1982.

Toutefois, pour la région côtière d'Esmeraldas, un peu au sud, la mission archéologique espagnole à Esmeraldas a publié plusieurs classifications de la céramique provenant des divers sites archéologiques découverts lors de ses recherches (Alcina Franch, 1975; Caillavet et Lopez y Sebastian, 1979; Rivera Dorado, 1979; Usera Mata, 1979; Guinea, 1986). Ces classifications ont défini plusieurs phases représentées par divers corpus de récipients en céramique. Pour la période du Formatif final équatorien, la céramique la plus ancienne (non datée par le ^{14}C) est rattachée à la tradition Chorrera. Elle est proche de celle de la phase Tachina définie par Stirling (Stirling, 1963). Les sites formatifs tardifs de La Cantera et de Chevele, fouillés par cette mission espagnole, correspondent à cette céramique ancienne (Caillavet et Lopez y Sebastian, 1979; Guinea, 1986).

Pour la période des Développements régionaux, plusieurs sites ont livré des corpus céramiques qui caractérisent la phase Tiaone. Cette poterie est une variante locale de la céramique classique de La Tolita.

Enfin, la céramique représentant la phase Balao, plus tardive, correspond à la période d'Intégration, à laquelle se rattachent aussi les monticules artificiels de cette région d'Esmeraldas. Elle est suivie par la phase Atacames qui dure jusqu'à la conquête espagnole.

Globalement, cette série de phases chronoculturelles d'Esmeraldas coïncide avec les subdivisions obtenues dans le Sud de la Colombie. Toutefois, pour la plus ancienne céramique d'Esmeraldas, une légère antériorité paraît probable par rapport aux plus anciennes céramiques de Tumaco, suggérant bien une diffusion depuis le Sud vers le Nord.

Depuis peu, on dispose aussi de la classification proposée par Tolstoy et De Boër pour les sites du moyen Santiago-Cayapas, en amont de l'île de La Tolita (De Boër et Tolstoy, 1989; De Boër, 1996). Elle reconnaît dans la céramique six phases chronoculturelles : successivement, Mafa, Selva Alegre, Guadual, Herradura, Tumbavido, Punta Venado. Les trois premières correspondent à peu près à la durée d'occupation de l'île de La Tolita, telle qu'elle peut être estimée d'après les recherches du programme La Tolita (Bouchard, 1986; Valdez, 1986).

La céramique de la phase Mafa est fort mal représentée et ne peut être rattachée à une autre céramique mieux définie, mais Tolstoy et De Boër l'attribuent au Formatif final.

La céramique de la phase Selva Alegre correspond en partie à celle des niveaux les plus anciens des régions de La Tolita et de Tumaco mais aussi à la phase Tumaco La Tolita classique. Celle de la phase Guadual correspondrait, elle aussi, à celle des niveaux de l'occupation principale à La Tolita (plus ou moins contemporains) ainsi qu'à celle du niveau Inguapi 2 du site Inguapi, près de Tumaco. Mais, fait important, elle semble surtout correspondre en bonne partie au complexe El Morro de Tumaco (De Boër, 1996). Toutes deux montrent une grande abondance de coupes à piédestal (appelées en espagnol *compoteras*) qui paraissent alors remplacer dans les deux régions les assiettes et écuelles à supports polypodes[3]. Les datations ^{14}C pour ces sites corroborent ces relations (Bouchard, 1986, Valdez 1986; De Boër et Tolstoy, 1989; De Boër, 1996).

Toutes ces classifications ont souligné un point important. En effet, c'est grâce à ces études de la céramique que l'on sait aujourd'hui que les formes et les technologies des récipients de la région nord-équatoriale présentent de nombreux points communs avec celles des autres régions de la côte pacifique équatoriale. Ce sont donc elles qui ont apporté des arguments consistants et déterminants pour réorienter l'étude des origines des sociétés indigènes de ces régions, non plus sur des intuitions mais à partir de données fiables.

C'est Stirling qui permit d'envisager que les plus anciennes céramiques du littoral nord-équatorial se rattachaient à celles de la période du Formatif final. Il fut ainsi le premier à faire savoir que la technologie, la morphologie et la décoration de la céramique Tachina l'apparentaient bien à la céramique Chorrera du Formatif final équatorien (Stirling, 1963).

Malgré quelques variantes spatio-temporelles, on peut suggérer que les divers corpus de cette tradition céramique ancienne entre Esmeraldas et Tumaco représentent un « faciès chorreroïde septentrional ». On pourrait les situer entre 700 ou 600 avant J.-C. et les environs de 300 avant J.-C. Ils englobent les céramiques décrites par Stirling et celles découvertes par la mission archéologique espagnole à La Cantera et à Chevele (Lopez y Sebastian, 1989; Guinea, 1989) ainsi que celles trouvées par J. Cueva et H. Crespo à Las Peñas, par Valdez à La Tolita (Valdez, 1987), par Bouchard à La Tolita Cancha (Bouchard, 1987, 1989). On peut aussi sans doute y associer la céramique de la phase Mafa du moyen Santiago-Cayapas (Tolstoy, De Boër, 1989), ou encore, du côté colombien, celle des niveaux les plus anciens de Mataje (Reichel Dolmatoff, 1966) et d'Inguapi (Bouchard, 1983).

On peut espérer que de futures recherches permettront d'établir si ces grandes ressemblances entre ces céramiques correspondent à l'existence d'une seule entité culturelle et sociopolitique ou si elles ne reflètent que la simple unité stylistique et technologique d'une tradition de poterie commune aux groupes préhispaniques contemporains lors de cette période.

Pour les niveaux de la période des Développements régionaux, les comparaisons entre les divers corpus ont fait apparaître une réelle filiation entre ces céramiques chorreroïdes et celles qui appartiennent au style La Tolita. On constate l'atténuation des caractéristiques chorreroïdes, et parfois leur disparition, mais on conserve l'évidence d'une réelle relation entre ces corpus. Ce point met fin à la thèse de l'origine de cette phase Tumaco La Tolita à partir d'éventuels contacts entre les côtes pacifique nord-équatoriales et la Méso-Amérique.

3. « *The Guadual phase begins with a bang; there is a major shift from polypod patas to tall, often flamboyantly shapes or decorated pedestal...* » De Boër, 1996, p. 106. « *Guadual ceramics most convincingly resemble the El Morro style documented by Bouchard in the Tumaco area. Both share similar, if not identical, compoteras decorated with the same range of red slipped or painted surfaces...* » De Boër, 1996, p. 128.

La céramique permet aussi de constater la forte unification culturelle du littoral pacifique nord-équatorial, pendant la période allant d'environ 300 avant J.-C. à environ 300 après J.-C. Il semble en effet possible de rassembler les céramiques de la période des Développements régionaux sous une même tradition (fig. 10 et 11). On peut reconnaître un style principal dans la région de l'île de La Tolita et des styles dérivés correspondant à la phase Tiaone d'Esmeraldas, à la phase Selva Alegre du moyen Cayapas-Santiago ainsi qu'aux corpus céramiques contemporains provenant des sites de la côte sud de Colombie (Reichel Dolmatoff, 1966; Bouchard, 1983; Patiño Castaño, 1988; De Boër, 1996; Valdez, 1987; Rivera Dorado, 1979; Usera Mata, 1979; Guinea, 1986).

C'est donc sur un très vaste territoire, qui s'étendait vraisemblablement entre Punta Galera, un peu au sud d'Esmeraldas, et Buenaventura, au nord, que put se diffuser une influence culturelle à partir d'un foyer principal qui semble bien localisé dans la région de La Tolita.

Selon les données établies par Valdez, la fin de l'occupation à La Tolita pourrait être située aux alentours de 300 après J.-C. (Valdez, 1987). La Tolita n'a pas livré de vestiges d'occupation préhispanique ultérieure, ce qui semble conforme à la supposition d'abandon de l'île vers 300 après J.-C.. Les données de chronologie absolue obtenues par les fouilles effectuées dans l'ensemble de la région littorale coïncident d'ailleurs, permettant de situer vers cette date le déclin de La Tolita. On constate, en effet, l'extinction plus ou moins simultanée de la phase Tiaone dans la région d'Esmeraldas et celle de la phase Selva Alegre dans le moyen Cayapas-Santiago. En outre, plus au nord, une série de datations ^{14}C entre 330 et 430 après J.-C. provenant de Tumaco El Morro, correspond à un matériel céramique différent du style Tumaco La Tolita.

Pour ce littoral pacifique nord-équatorial, il semble donc possible de suggérer que la période des Développements régionaux prit fin aux alentours de 300-350 après J.-C., et non vers 500 après J.-C. comme il est d'usage d'en fixer le terme moyen pour les autres régions de l'Équateur.

On ignore encore si ces populations disparurent aussi dans l'ensemble de la région. Si elles survécurent ailleurs, on ignore aussi sous quelle forme elles le firent et où elles étaient établies.

Ce n'est qu'après la fin de l'hégémonie de La Tolita qu'apparaissent, vers 300-400 après J.-C., de nouvelles traditions céramiques, diversifiées suivant les sub-régions et apparemment sans lien avec les traditions antérieures. C'est en particulier le cas pour la phase El Morro, que nous avons identifiée sur le site éponyme à Tumaco, dont la pâte diffère en texture et en couleur de la poterie Tumaco La Tolita et dont les formes apportent un apparent renouvellement des morphologies de récipients (fig. 12 et 13). C'est peut-être aussi le cas, dans la région du Santiago-Cayapas, pour la poterie de la phase Guadual, découverte par De Boër.

Selon les évidences disponibles, il n'y aura pas de nouvelle unification pour cette région jusqu'à la fin de l'époque préhispanique (Bouchard, 1982-1983, 1984, 1986, 1989; Patiño Castaño, 1987; De Boër et Tolstoy, 1989; Alcina Franch, 1975; Guinea, 1986). Toutefois, on trouve encore quelques points communs pour des céramiques tardives. L'extrême abondance du décor dit « à bandes rouges » est un trait constant dans la céramique des périodes des Développements régionaux et d'Intégration. Ce décor, presque stéréotypé, est de plus en plus généralisé dans l'ensemble de la poterie de ces périodes. On pourrait presque considérer qu'il est une sorte d'intermédiaire entre la poterie ordinaire, non décorée, et la poterie vraiment décorée, avec soin et selon des techniques et motifs variés. De même, la céramique très fruste, souvent décorée par incisions géométriques, des sites de la phase Bucheli dans la région de Tumaco (Bouchard, 1982-1983) trouve sa contrepartie dans une partie de la céramique qui caractérise la phase tardive Mina, définie par De Boër dans la région du moyen Santiago-Cayapas. En revanche, ces céramiques n'ont rien de commun avec celles des phases Balao et Atacames, définies dans la région d'Esmeraldas par la mission archéologique espagnole (Rivera Dorado, 1979; Usera Mata, 1979; Guinea, 1986).

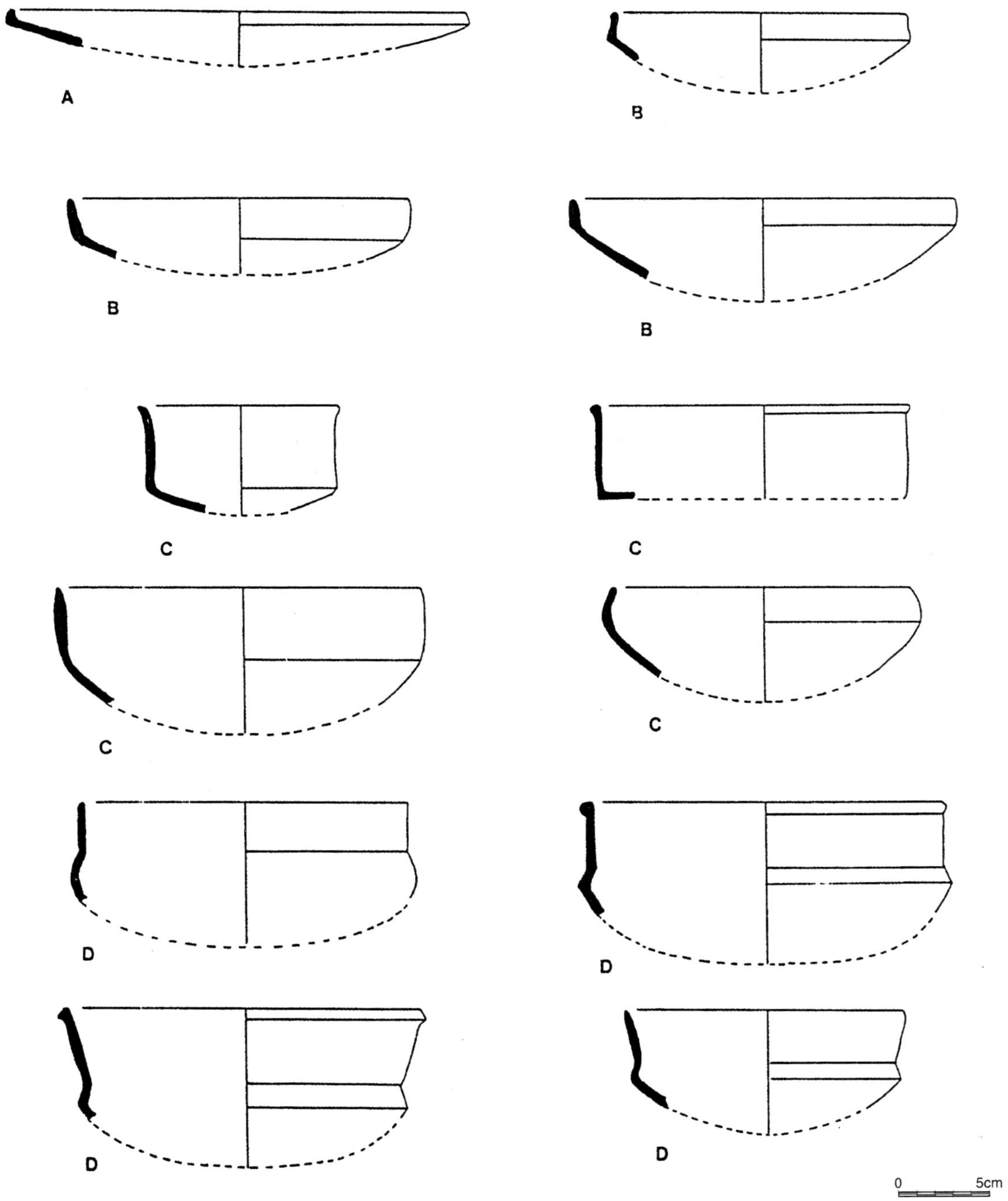

Figure 10 – La céramique des phases anciennes de la région Tumaco La Tolita (1).
A : Assiettes, B : Écuelles, C : Bols simples, D : Bols composites.

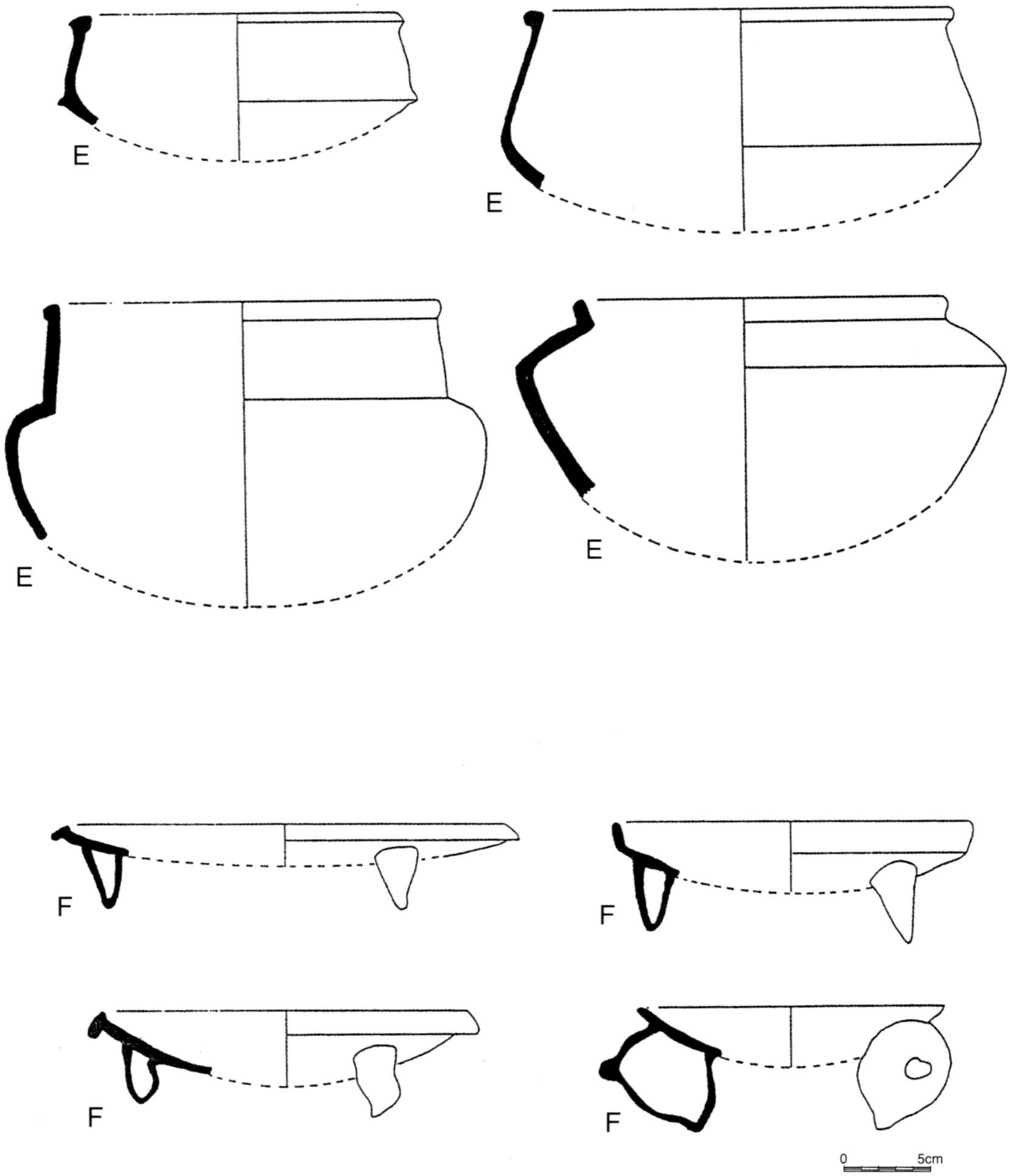

Figure 11 – La céramique des phases anciennes de la région Tumaco La Tolita (2).
E : Récipients de formes composites, F : Écuelles tripodes.

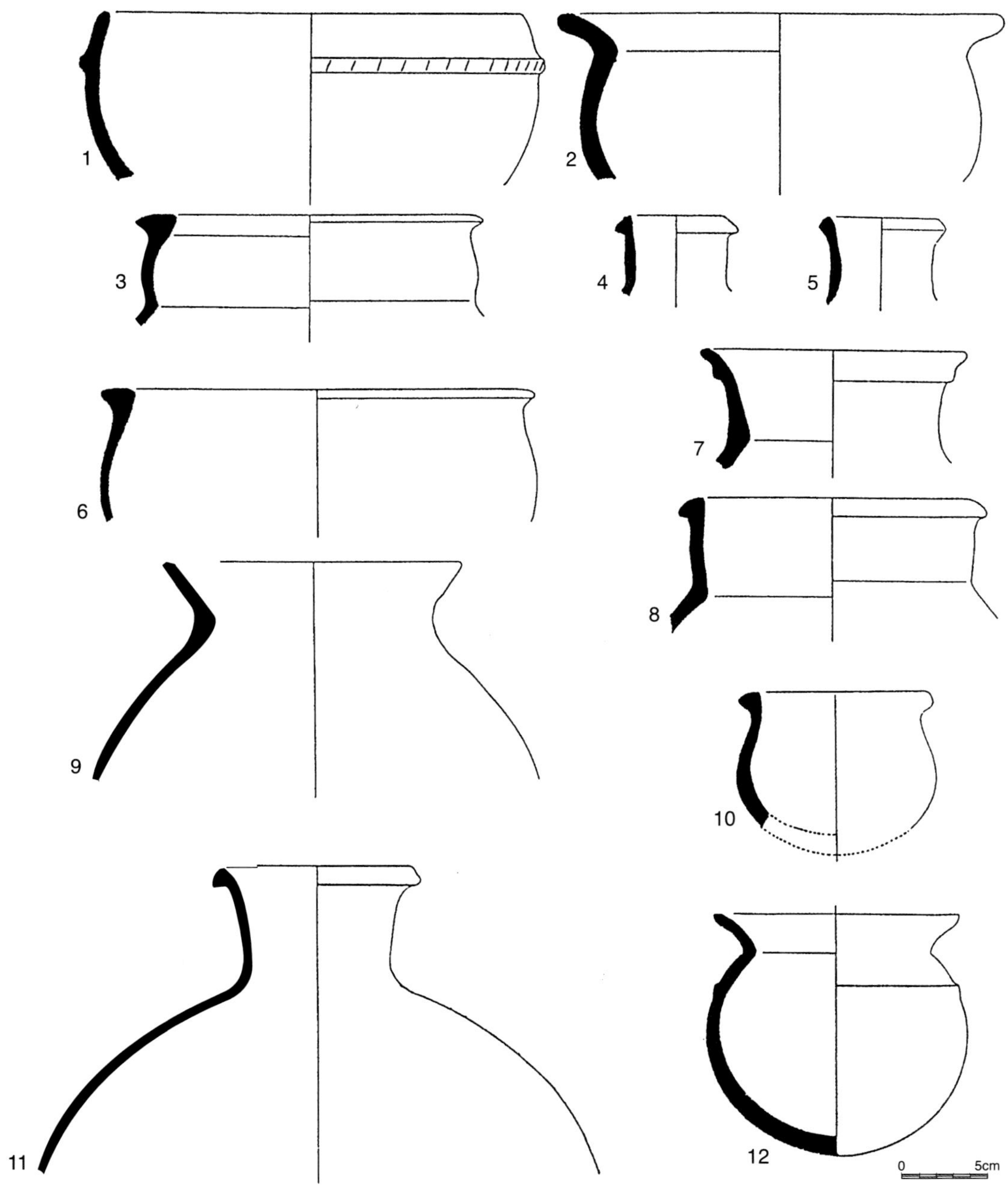

FIGURE 12 – La céramique de la phase El Morro (1).

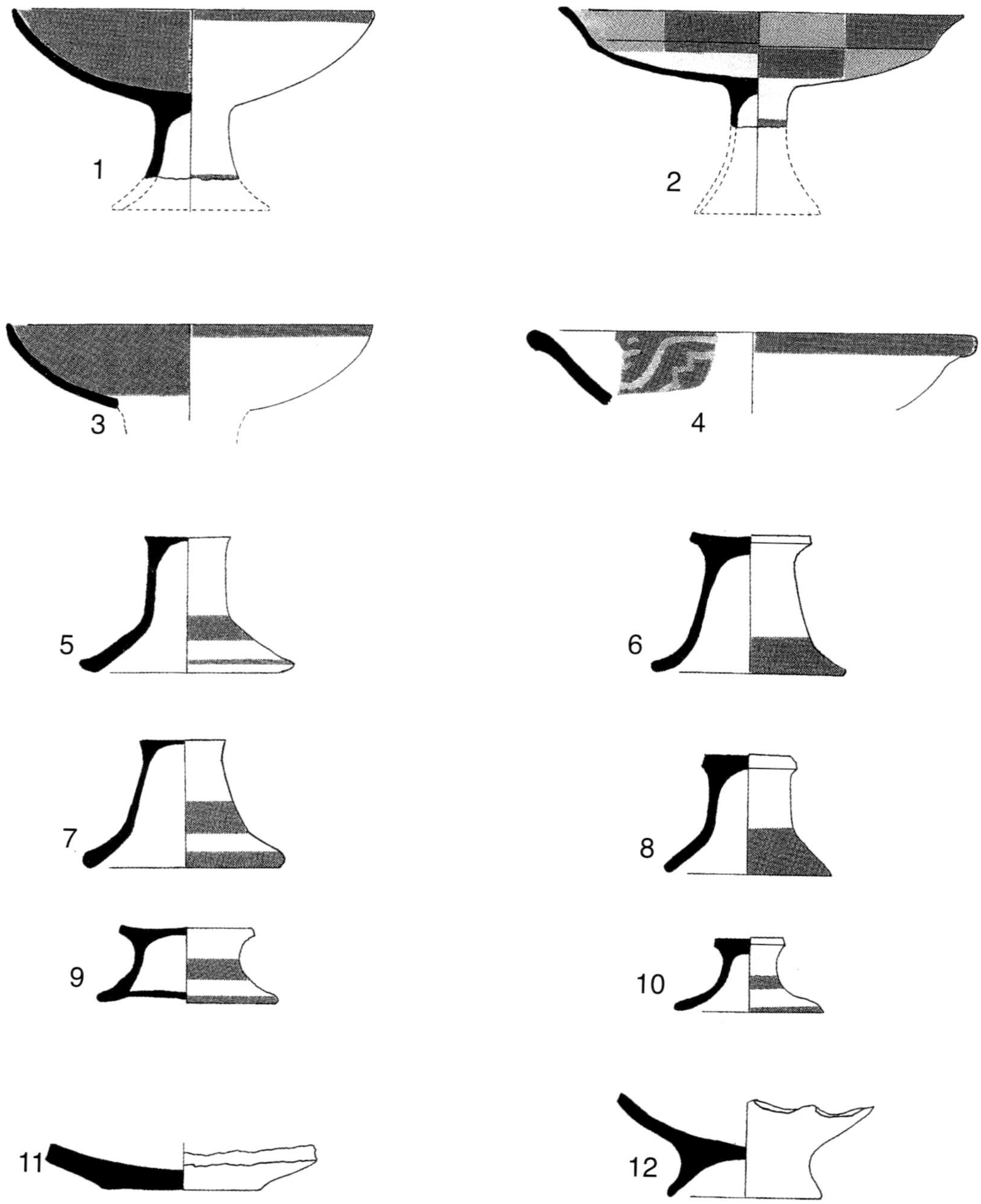

Figure 13 – La céramique de la phase El Morro (2).

Morphologie et usage des récipients

Une très grande part de la production céramique était destinée à la fabrication d'objets utilisés dans la vie courante, comme la vaisselle en terre cuite. Cela permet de distinguer la production de récipients destinés à contenir (la poterie) du reste de la production céramique. La plupart des récipients, de formes simples ou complexes, contenaient un élément solide ou liquide. Nous les assimilons à une vaisselle alimentaire, usuelle ou d'apparat, rituelle ou funéraire, bien que nous n'ayons pas d'évidence claire des utilisations réelles. On ne peut reconnaître avec une totale certitude la forme de chacun des récipients individualisés, mais il est souvent possible d'apprécier les silhouettes générales. Nous employons des dénominations morphologiques reposant sur des critères liés à des relations de dimensions (par exemple, rapports entre les hauteurs et les largeurs). Nous les séparons en deux catégories.

a) Catégorie des récipients dits « ouverts » dont le diamètre supérieur coïncide avec le plus grand diamètre du récipient. Ce sont les formes : assiettes, écuelles, bols, et les coupes.

Les différences entre assiettes, écuelles, bols tiennent à la relation entre la hauteur (sans la hauteur des supports éventuels) et le diamètre du récipient : l'assiette a un diamètre supérieur égal à au moins 5 fois la hauteur; l'écuelle a un diamètre supérieur compris entre 2,5 et 5 fois la hauteur; le bol a un diamètre supérieur compris entre 1,5 et 2,5 fois la hauteur; la coupe est une variété d'assiette, d'écuelle ou de bol pourvue d'un pied unique – ce type morphologique semble extrêmement rare à l'époque Tumaco La Tolita, qui utilise surtout des supports polypodes, mais il est très caractéristique des phases suivantes où la terminologie en espagnol le nomme *compotera* (compotier).

b) Catégorie des récipients dits « fermés » dont le diamètre supérieur est inférieur au plus grand diamètre. Ces récipients fermés ont néanmoins une ouverture qui peut être plus ou moins étroite. Elle est le plus souvent placée au niveau du diamètre supérieur. Ils peuvent aussi, à la place d'une ouverture béante, avoir un goulot ou un bec verseur. Celui-ci peut être au sommet, dans l'axe vertical de révolution (comme pour les bouteilles à goulot droit) ou placé latéralement, de manière plus ou moins oblique.

Les noms se réfèrent souvent à une terminologie courante décrivant les vaisselles et donc des objets supposés utilitaires (d'usage commun ou d'apparat), mais il est clair pour nous que cela ne présuppose en aucune manière un usage réel de ces récipients archéologiques. Pour les traductions en espagnol, nous avons préféré nous en tenir aux sens généralement compréhensibles dans les pays hispanophones. Sauf cas exceptionnels, les termes parfois en vigueur en Colombie ou en Équateur mais peu compréhensibles au-delà de leur pays d'utilisation n'ont pas été retenus.

Les formes principales qui peuvent être reconnues pour la phase Tumaco La Tolita dans l'ensemble de cette région sont résumées dans les tableaux a et b :

Tableaux des formes de récipients communs

a. Récipients ouverts	
Assiettes	*platos*
Écuelles	*escudillas*
Écuelles tripodes ou multipodes	*escudillas tripodes o multipodes*
Bols hémisphériques	*cuencos hemisféricos*
Bols simples	*cuencos sencillos*
Bols composites	*cuencos compuestos*
Petits bols tripodes ou multipodes	*cuencos pequeños tripodes o multipodes*
b. Récipients fermés	
Récipients à carène, multipodes	*recipientes aquillados, multipodes*
Récipients à corps globulaire	*recipientes de cuerpo globular*
Récipients à corps globulaire multipodes	*recipientes de cuerpo globular multipodes*
Récipients à bec verseur tubulaire	*recipientes cerrados con pico tubular*

Outre ces récipients communs, il en existe d'autres, plus exceptionnels, qui forment quelques catégories assez fréquentes dans la céramique de la phase Tumaco La Tolita.

On trouve d'abord des récipients ouverts au fond incrusté d'esquilles de pierres, incluses dans l'argile fraîche avant la cuisson. On verra plus loin pourquoi ils sont traités à part des autres récipients ouverts. Dans les récipients fermés, beaucoup de récipients à goulot ou à bec verseur sont appelés en espagnol *alcarrazas*. Certains ont des formes simples, globulaires ou cylindriques. Mais pour la plupart, ces récipients ont assez rarement une forme qui se résume à un volume géométrique simple ou même complexe. Ils peuvent avoir été modelés en formes complexes, comme celles d'animaux, ou parfois de plantes. Certains peuvent aussi prendre d'autres formes comme, par exemple, des constructions ou encore des créatures monstrueuses ou hybrides. Ils paraissent prolonger une tradition de *vases figuratifs* que la céramique de Chorrera a très largement diffusée au Formatif final et qui fait en quelque sorte le lien entre la poterie et l'art plastique des figurines. Selon l'habitude en archéologie, nous les désignons quand ils représentent des êtres humains, des animaux ou des végétaux, comme des récipients anthropomorphes, zoomorphes ou phytomorphes. Ils sont décrits par une périphrase lorsqu'il s'agit d'autres thèmes. Bien qu'ils soient aussi des récipients, nous préférons les considérer comme des œuvres d'art plastique, au sens large.

Enfin, il existe une catégorie très proche qui associe un récipient et un personnage masculin assis en tailleur. Il porte une hotte, constituée par le récipient accolé au dos de la figurine (photo 19). Désignés en Colombie et en Équateur par le terme de *canasteros* (porteurs de hotte ou de panier), ils constituent une forme spéciale qui relie la poterie et l'art plastique des figurines en céramique. En raison de l'accent mis sur la représentation humaine, puisque, au propre comme au figuré, la partie récipient passe à l'arrière-plan, nous les considérons à part des récipients communs et les rattachons davantage à l'art des figurines.

Photo 19 – Récipient anthropomorphe dit *canastero*. (Phase Tumaco La Tolita).
Ces récipients sont formés de personnages humains, assis en tailleur et portant dans le dos un « panier » ou une hotte cylindrique. Ils associent donc en les accolant une effigie et un vase en céramique. La position assise en tailleur reprend celle que l'on connaît pour certaines figurines Chorrera. (Collection privée).

D'autres objets ou instruments en terre cuite, pas toujours très faciles à identifier comme on le verra, forment une classe plus réduite.

Nous distinguons ainsi des « récipients à fond incrusté d'esquilles » qui ajoutent une fonction probable d'outils à râper. Le fond est hérissé d'esquilles de pierres pointues qui saillent verticalement de quelques millimètres. Ils sont appelés en espagnol *recipientes con fondo incrustado de esquirlas*. Ce sont en général des récipients ouverts, à fond plat, aux bords verticaux ou évasés, assez peu élevés. Ils n'ont pas été classés avec les autres récipients dont l'unique fonction est de contenir un liquide ou un solide. Ils doivent plutôt être associés à des « outils en céramique », eux aussi souvent incrustés d'esquilles ou possédant une face de travail avec de profonds reliefs souvent appelés « râpes à main pisciformes » dans la littérature archéologique. Ces objets sont bien connus dans le matériel archéologique de la région Tumaco La Tolita et sont ainsi dénommés en raison de leur forme stylisée de poisson. À l'extrémité proximale, se trouve une tête angulaire ou arrondie, l'extrémité distale se termine par une nageoire caudale simple. La partie centrale (le corps du poisson) comporte une face lisse sur l'envers, un peu bombée ou plate, et une face « de travail » plate et aménagée soit par des stries incisées parallèles, perpendiculaires à l'axe longitudinal, soit par des séries de trous faits par impression d'un objet de section quadrangulaire ou encore par incrustation d'esquilles de pierres acérées incorporées à l'argile fraîche avant cuisson. Quelques exemplaires montrent aussi une combinaison des divers types de relief. Complets, ces objets atteignent une longueur de 20 à 25 centimètres et une largeur de 7 à 10 centimètres.

Deux interprétations principales prédominent à propos de l'usage précis de ces objets. Le plus souvent, ils ont été considérés comme des râpes pour préparer le manioc de variété dite « amère ». On rappellera que ce manioc amer est impropre à la consommation directe car il doit être en effet débarrassé de son suc vénéneux avant d'être consommé. Les groupes qui l'utilisent ont donc dû mettre au point des techniques de préparation permettant d'extraire ce suc toxique. En général, la racine de manioc amer est râpée et pressée dans un instrument de vannerie qui permet au jus de s'écouler à l'extérieur et conserve à l'intérieur une masse farineuse que cette opération a rendu comestible. Toutefois, cette interprétation ne prend pas en considération la disproportion entre la taille de ces râpes et celle des racines de manioc. Elle semble en effet assez peu réaliste surtout si l'on se réfère aux grandes planches à râper, en bois et incrustées d'esquilles, des diverses populations préhispaniques ou actuelles consommant le manioc amer.

En outre, rien ne nous permet d'avoir la certitude que, sur la côte équatoriale, les populations préhispaniques cultivaient effectivement le manioc amer. Ils pouvaient tout aussi bien cultiver le manioc doux, directement consommable. Il est d'autant plus possible d'émettre un doute sur cette consommation, qu'il y a une absence complète, dans le matériel archéologique de la côte pacifique, des plaques de céramique servant à la cuisson des galettes de farine de manioc amer (appelées en espagnol *budares*).

Une autre interprétation suggère plutôt que ces outils étaient utilisés pour ôter les écailles des poissons (C. di Capua, communication personnelle). Cette hypothèse aurait été vérifiée en pratique par son auteur qui affirme l'efficacité de ces objets pour cette utilisation. Elle s'accorde mieux avec ce que nous pouvons supposer des habitudes alimentaires des groupes du littoral, pratiquant la pêche de façon régulière.

Toutefois, ces râpes à main doivent aussi être mises en relation avec un certain nombre d'autres objets archéologiques de cette même région qui semblent révélateurs de l'emploi de produits psychotropes et qui peuvent mieux éclairer leur rôle (sans pour autant écarter d'autres hypothèses possibles). Ce sont divers tubes cylindriques de céramique, parfois interprétés comme des éléments de collier (d'Harcourt, 1947). Leur taille et leur forme évoquent plutôt des inhalateurs permettant l'aspiration de râpés ou de poudres. Ce sont aussi des vases miniatures, découverts dans la région même de La Tolita et dans celle d'Esmeraldas. Ils ne peuvent contenir que de petites quantités et ils conviendraient donc pour déposer ces râpés ou ces poudres, comme l'observation suivante le suggère d'ailleurs. Des figurines en céramique représentent des personnages assis, tenant un récipient miniature; d'autres figurines représentent des personnages figés dans une attitude méditative qui leur vaut souvent d'être appelés « penseurs » *(pensadores)*. Ils nous paraissent représenter des individus plongés dans cet état par l'inhalation de produits psychotropes. Un tel usage expliquerait ainsi la fonction de ces râpes destinées à préparer les produits utilisés par ces personnages.

Ce point nous rappelle que, dans le cas de la civilisation Tumaco La Tolita, la fabrication de figurines en terre cuite est aussi un volet très important des arts plastiques, abordé dans le chapitre suivant, dédié à l'art des figurines et aux interprétations qu'il semble possible d'avancer à leur sujet.

LES ARTS DE LA PÉRIODE D'APOGÉE

La phase Tumaco La Tolita marque une période d'apogée dont les arts s'expriment surtout dans la céramique et l'orfèvrerie. Ces vestiges sont les seuls qui nous sont parvenus en raison de la destruction des autres matériaux. La céramique hérite de traditions millénaires provenant des régions du littoral pacifique proches. En revanche, l'orfèvrerie semble bien due à des techniques mises au point par les populations côtières.

La céramique Tumaco La Tolita

Dans les Andes, la céramique est un art majeur, tout comme le sont le textile et l'orfèvrerie. Les civilisations andines ont privilégié au plus haut point ces formes d'expression artistique alors qu'elles n'ont laissé que fort peu d'exemples de statuaire, de dessin, de gravure, ou de peinture. Cet art plastique s'exprime par des figurines de céramique ainsi que par divers récipients en terre cuite modelés aux formes de personnages, d'animaux réalistes ou d'êtres monstrueux et fantastiques (photos 19 à 33). Il représente une grande partie des collections préhispaniques des musées d'Amérique latine, d'Europe et des États-Unis d'Amérique. Il est aussi, hélas, très prisé par de nombreux collectionneurs privés. Leurs achats massifs ont encouragé les ravages effectués dans les sites archéologiques par les fouilleurs clandestins pour approvisionner le marché des œuvres d'art préhispaniques. Il serait vain de détailler les arguments de ces collectionneurs si épris (ou trop) de patrimoine culturel et artistique. Il suffit de redire que, du point de vue de l'archéologie, si ces pillages n'avaient pas eu lieu, les collections (publiques et privées) seraient certes beaucoup moins riches et les archéologues auraient aujourd'hui plus de chances d'étudier les sites qui ont été détruits. Dans la région Tumaco La Tolita, dès les années 1975-1980 où nous avons commencé l'étude de cette culture, le pillage avait déjà ruiné bien des sites qui n'ont ainsi livré que des objets obtenus hors de tout contexte scientifique. Mais bien des fouilles anciennes, dûment autorisées, n'avaient pas plus apporté les données qui font aujourd'hui défaut.

Diverses publications, surtout en espagnol et en anglais, ont tenté de présenter cet art des figurines, parfois même de l'expliquer. La plupart n'ont pourtant apporté que très peu d'éléments solides de connaissance. Ces études relèvent peu de l'archéologie car elles sont plutôt le fait d'amateurs d'art. Beaucoup s'appuient sur des considérations esthétiques ou se fondent sur une approche iconographique dénuée de toute démarche scientifique réelle. Elles partent souvent de comparaisons plutôt saugrenues qui répertorient des analogies sans jamais tenir compte des chronologies. Elles exposent des thèses, parfois farfelues et plus souvent, hélas, délirantes, pour démontrer des parentés, des influences, des échanges interculturels entre la culture préhispanique de Tumaco La Tolita et des cultures « exotiques » de presque tous les continents. Les anciens Chinois, les Mayas du Mexique, les pharaons d'Égypte, les ethnies d'Afrique noire se seraient ainsi retrouvés dans ces mangroves, comme le prouveraient (selon ces auteurs) mille détails iconographiques qu'ils soulignent dans ces figurines. Ces peuples anciens, prestigieux ou mystérieux, sont supposés s'être établis dans la région! Il semble que, pour ces auteurs, de telles filiations culturelles apportent même un « supplément de civilisation » à une culture qui ne saurait se distinguer par elle-même! Mais l'imagination a ses limites et ne dépasse guère la liste des civilisations les plus connues du grand public. Pour la plupart, le propos s'arrête là et ne mérite pas plus de commentaires.

On peut attribuer la palme d'une telle indigence à un « livre d'art » écrit, en français, par Sabolo (1986), l'un des grands collectionneurs de figurines Tumaco La Tolita. Celui-ci était propriétaire d'une belle collection de pièces exceptionnelles achetée sur place et exportée en Europe, où elle fut d'ailleurs dispersée par vente aux enchères. Fort d'avoir possédé une telle collection et contribué ainsi à la destruction des sites par les pilleurs, l'auteur se propose de dire tout ce qu'il sait sur cette culture. Mais il n'a jamais pour autant essayé de parler aux archéologues qui l'étudiaient et lorsqu'il les cite c'est rarement à bon escient. Au milieu de quelques observations à peu près acceptables, on y trouve nombre d'absurdités au sujet des origines asiatiques, polynésiennes, méso-américaines et autres à l'avenant, qu'il pense pouvoir déceler dans ces figurines. Quelques perles magistrales apparaissent ici et là. Ainsi il décèle un symbolisme sexuel de virilité exprimé par la langue pendante hors de la gueule de félins représentés par ces figurines; ou encore, il identifie des animaux ou des fruits n'ayant jamais existé avant la conquête sur le continent américain (comme le gorille et le citron!). Et que penser de son évocation des masques de la *commedia dell' arte* italiens à propos des masques miniatures de Tumaco La Tolita, antérieurs d'environ deux millénaires?

Ce livre montre que le « collectionnisme » n'apporte rien à la connaissance scientifique et diffuse même des erreurs grossières auprès d'un public non averti qui se fie aux commentaires d'un auteur bien peu recommandable. Néanmoins, il constitue une référence documentaire car on y trouve, fort bien photographiées, comme c'est souvent le cas pour ces *coffee table books* plus destinés à être feuilletés que vraiment lus, des pièces remarquables, pour la plupart aujourd'hui disparues après la vente de cette collection.

Cependant, on doit citer à part deux études beaucoup plus sérieuses et spécifiquement dédiées aux figurines : il s'agit de celles de R. d'Harcourt (d'Harcourt, 1942, 1948) et d'E. Sanchez Montañes (Sanchez Montañes, 1972, 1973, 1981). La première peut être considérée comme la révélation scientifique de l'existence d'un ensemble archéologique encore presque inconnu des spécialistes, surtout en Europe. Pour la première fois, un auteur considère la province d'Esmeraldas comme une entité culturelle préhispanique propre, ayant produit un art et des vestiges matériels qui en constituaient alors les principaux témoignages, outre les explorations de quelques pionniers à La Tolita.

Dans les années 1970-1980, la mission archéologique espagnole à Esmeraldas entreprit le premier programme moderne d'étude de cette région. Bien que la région de La Tolita soit à l'écart de la région directement étudiée par les archéologues espagnols, E. Sanchez Montañes s'intéressa tout particulièrement à l'art des figurines préhispaniques venant de la région de La Tolita à partir des collections déjà constituées. Elle proposa une typologie suivie d'une série d'interprétations de leurs fonctions, s'attachant en particulier au symbolisme de certaines figurines. Même si ces études demeurent un peu en retrait des connaissances actuelles, car à l'époque où elles furent réalisées il n'existait pas encore de véritable chronologie culturelle bien établie pour la région Tumaco La Tolita, elles restent des points de départ essentiels pour qui veut découvrir l'art de ces figurines.

Notre approche est ici différente car il serait peu utile de prétendre refaire ces typologies et d'aborder dans son ensemble l'univers des figurines Tumaco La Tolita pour y lire une interprétation globale de cette société. Nous avons donc concentré notre attention sur quelques aspects particuliers. Grâce à eux, il nous a semblé possible d'évoquer des thèmes que les artistes ont traités avec insistance ou répétés avec fréquence, sans doute pour en souligner le poids dans cette société préhispanique si mal connue. Nous ferons appel aux figurines en céramique ainsi qu'à des récipients remarquables, modelés en forme d'êtres humains, d'animaux ou de créatures fantastiques, ou ornés d'éléments en relief qui comportent une représentation intentionnellement associée à ces récipients.

Parmi elles, on compte des œuvres exceptionnelles dont le caractère spectaculaire et remarquable nous semble refléter à lui seul la grande importance de cette forme d'expression plastique dans la culture Tumaco La Tolita (photos 20 et 21). Ces créations ne peuvent qu'inciter à penser que les maîtres céramistes qui les réalisèrent se situaient au plus haut niveau de leur art. Ils transcendaient ainsi le savoir-faire des artisans potiers en atteignant de manière incontestable la beauté intrinsèque des plus grands chefs-d'œuvre de l'art préhispanique. Souvent, ces pièces ne sont pas intactes et ce ne sont parfois que des parties isolées qui révèlent l'art de cette statuaire en céramique. Les hypothèses, qui suggèrent qu'elles furent cassées au cours d'activités rituelles, sont plausibles et s'appuient sur le rôle que tiennent souvent des statuettes analogues dans des rituels curatifs. En effet, celles-ci sont utilisées par des chamanes lors de pratiques magico-religieuses à des fins curatives et elles sont souvent jetées, voire brisées, au terme des rituels. Les explications les plus communes sont que le rituel a fait passer dans la statuette les mauvais pouvoirs qui affectaient les patients et que sa destruction met fin à la « maladie » qui les habitait. On doit reconnaître que nous ignorons si ces pièces étaient brisées intentionnellement ou si elles le furent par la suite, de manière accidentelle. Si les interprétations qui relèvent du comparatisme paraissent cohérentes, elles ne peuvent pourtant pas expliquer la présence de quelques figurines intactes dans les sites archéologiques. L'archéologie n'a pas encore donné de réponse à cette question et nous ne pouvons que suggérer que la statuaire en céramique dépasse sans doute de loin la simple utilisation chamanique et curative.

Comme nous l'avons évoqué à propos des anciennes cultures formatives équatoriales, il existait depuis plusieurs millénaires une grande tradition des figurines en céramique. Dès Machalilla et Chorrera, les artisans céramistes surent aussi donner aux poteries des formes non géométriques, reproduisant soit des individus, soit des animaux, ou encore des végétaux. À cet égard, Chorrera est, sans nul doute, l'expression la plus achevée de cet art de l'époque Formative et ses productions atteignent à un exceptionnel sommet d'équilibre formel, doublé d'une maîtrise technique achevée. Les maîtres céramistes de Tumaco La Tolita, vivant quelques siècles après la fin de Chorrera, disposaient donc de l'expérience de leurs prédécesseurs et l'on ne peut s'étonner outre mesure de voir dès les débuts de la période Tumaco La Tolita des productions plastiques d'un haut niveau.

PHOTO 20 – Figurine anthropomorphe (Phase Tumaco La Tolita).

Les figurines en céramique Tumaco La Tolita reprennent souvent un modèle de représentation frontale, sans doute hérité des modèles de la période Formative. Mais elles traitent ce thème avec un style propre à cette phase. Les membres sont plus fidèlement précisés et le corps est plus souvent representé à la même échelle que la tête, contrairement aux standards précédents de la période Formative. (Collections du Musée de la Banque centrale de l'Équateur, Quito).

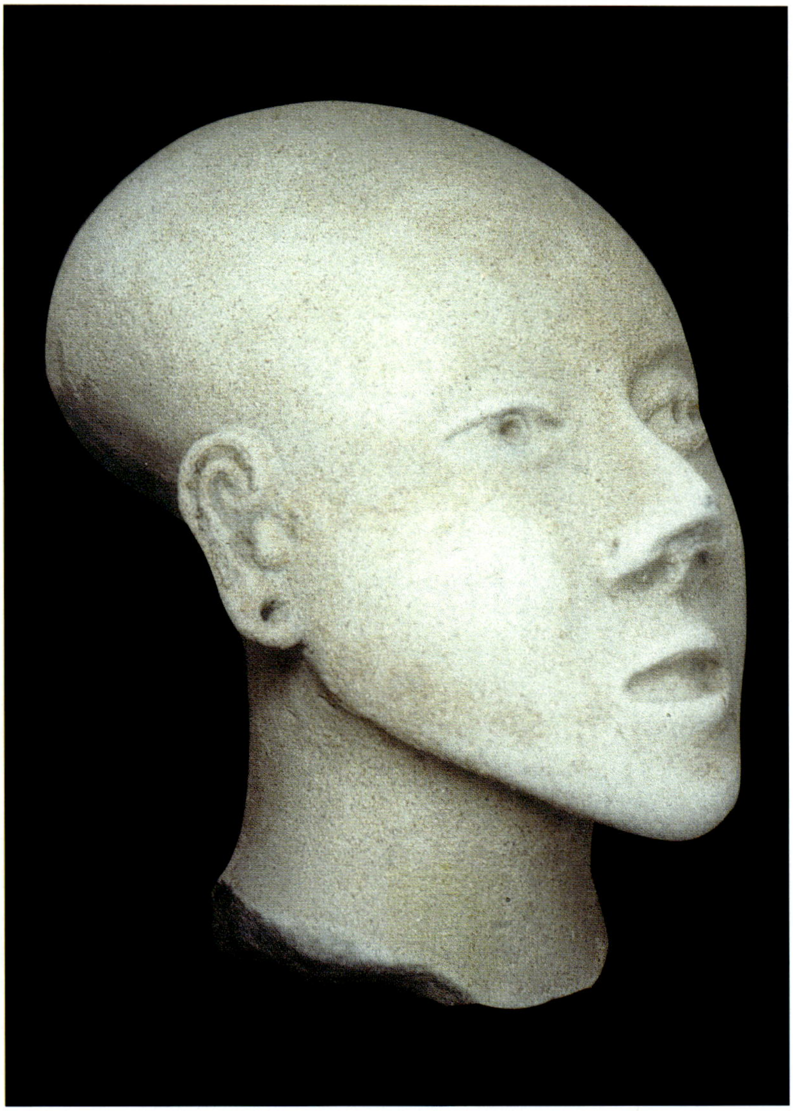

Photo 21 – Tête de figurine (Phase Tumaco La Tolita).
La période des Développements régionaux introduit partout en Équateur une grande diversification des thèmes iconographiques. Dans la phase Tumaco La Tolita, les céramistes s'attachent à produire des figurines plus réalistes et parfois moins hiératiques. (Collection privée).

Le passage du Formatif final à la période des Développements régionaux est marqué par bien des changements et, en particulier, par une véritable explosion de l'art de la céramique. Après un style Chorrera classique et uniformisé, avec une claire tendance à la représentation réaliste des sujets, fleurissent des cultures caractérisées par des styles qui ont chacun une touche régionale. Ainsi, il est aisé, même pour le profane, de distinguer le style polychrome et la plastique expressionniste de la culture de Bahia de Caraquez (sur la côte centrale) du modelé délicat des figurines de Jama Coaque ou de Tumaco La Tolita, ou encore des statuettes, plus frustes et rustiques, des cultures contemporaines de la sierra. Il est très probable que cette floraison de styles (surtout répartis dans les diverses régions côtières de l'Équateur et, parfois, dans la sierra) reflète bien d'autres diversifications ethniques, sociopolitiques ou linguistiques.

Chorrera a surtout livré diverses formes de récipients zoomorphes ou phytomorphes, ainsi que des figurines très classiques. Celles-ci sont le plus souvent représentées dans des postures hiératiques, debout, en position frontale, sans la moindre expression d'action. Il en existe aussi quelques-unes montrant des personnages assis, les jambes repliées en tailleur.

La culture Tumaco La Tolita garde bien ces « types », mais elle les traite selon son style propre et l'on peut aisément suivre le passage d'un style à l'autre avec les figurines qui reprennent ces thèmes, confortant par ailleurs la thèse d'une filiation entre la céramique Chorrera et celle de Tumaco La Tolita.

Malgré les liens que l'on peut établir entre ces traditions céramiques, dans la production artistique Tumaco La Tolita intervient aussi un phénomène de diversification des thèmes et de multiplication des productions que l'on ne sait pas encore expliquer. Loin de se limiter à la production de ce qui serait presque des archétypes, traités selon son propre style, elle rajoute aussi de nouvelles catégories.

Par exemple, il existe un type très particulier de représentations de personnages assis en tailleur, à même le sol, position déjà connue à l'époque Chorrera pour quelques figurines. Appelés en espagnol *canasteros*, parce que les individus semblent porter une grande hotte *(canasta)*, ces « porteurs de hotte » étaient sans doute des céramiques de prestige, peut-être destinées à être offertes en symbole d'alliance entre des groupes qui commerçaient entre eux ou avaient des relations plutôt amicales qu'antagoniques (Villalba, 1996). Mais ils proviennent tous de fouilles non scientifiques et l'absence réelle de contexte de découverte impose de garder une certaine réserve sur cette interprétation pourtant séduisante et tout à fait plausible.

Il existe aussi un certain nombre de figurines assises sur des petits sièges ou sur des tabourets dont la forme est aussi innovante, bien que Marcos fasse allusion pour la fin de la période Valdivia à l'existence de probables figurines assises, qu'il interprète comme des chamanes (photo 22). Il est bien connu que l'usage d'un « petit banc » est très fréquent et très important dans les rituels des chamanes indigènes de l'époque moderne. Ce siège est plutôt simple dans sa réalisation et n'a souvent rien de très remarquable, mais il est fondamental dans les rituels chamaniques car, à côté des mouvements et gestes qui font accéder aux transes extatiques, la posture assise est très propice à la méditation qui va aussi permettre aux chamanes de communiquer avec les autres mondes.

D'une manière plus générale, on doit souligner que les céramistes de Tumaco La Tolita se risquent à présent à sortir, certes de manière encore timide et exceptionnelle, de la stricte frontalité qui caractérisait les figurines de la période Formative. Dans un certain nombre de figurines, rendues ainsi plus vivantes, l'artiste a représenté un mouvement qui l'a amené à abandonner la symétrie stricte et les positions figées des membres inférieurs ou supérieurs qu'avaient les statuettes hiératiques antérieures.

PHOTO 22 – Personnage assis sur un banc (Phase Tumaco La Tolita).
Ces personnages assis sur des bancs semblent adopter une attitude de méditation, liée à la mastication d'une chique de coca. Celle-ci apparaît sous forme de protubérance sur la joue. (Collections Banque de la République, Musée de l'Or, Bogotá).

On doit aussi attirer l'attention sur l'existence de deux catégories de figurines dans cette céramique Tumaco La Tolita. La première classe est faite par modelage, aboutissant à la création de pièces uniques. Celles-ci sont souvent d'une taille de l'ordre de 20 à 30 centimètres de hauteur, en moyenne, et, parfois, certaines sont beaucoup plus grandes. Ces œuvres modelées sont bien dans la prolongation de l'art des céramistes du Formatif final, mais elles offrent une plus grande diversité dans les thèmes abordés. Elles sont les fleurons de l'art plastique des céramistes Tumaco La Tolita. Ces pièces uniques sont faites avec un soin méticuleux, parfois en assemblant diverses parties exécutées séparément et réunies entre elles avant la cuisson. Pour beaucoup d'entre elles, il semble qu'elles étaient rehaussées d'un décor peint polychrome, appliqué après la cuisson. Mais celui-ci a le plus souvent été délavé et a disparu; la couleur naturelle de la céramique donne aux figurines un aspect mat et gris clair qui leur confère une apparence de statue minérale. Certaines avaient aussi des ornements, destinés à en augmenter le relief, exécutés en pastillage et appliqués sur la figurine avant la cuisson définitive de la pièce.

Lors de la période des Développements régionaux, il s'ajoute encore un changement qui révolutionne l'art plastique. Apparaît alors une production massive de petites figurines, fabriquées au moule, qui permet de les reproduire à l'identique en plusieurs exemplaires. L'art plastique devient alors accessible à de simples artisans exécutant des tirages à partir des moules qu'ils n'ont peut-être pas créés. L'emploi généralisé de moules en céramique semble n'apparaître que pendant la période classique Tumaco La Tolita et il en existe de nombreux exemplaires trouvés dans les sites archéologiques. Ils permettaient à des céramistes, qui n'étaient sans doute pas tous capables de modeler des œuvres plastiques, de reproduire et de multiplier ces figurines qui devaient être alors très diffusées dans l'ensemble de la région littorale et même au-delà (Patiño Castaño, 1989; Salgado et Stemper, 1991; Buys et Dominguez, 1989; Guillaume Gentil, 1998, 2000).

Le moulage introduisit dans la céramique une certaine évolution du style plastique. En effet, sans doute pour des raisons pratiques tenant à cette technique, les reliefs des figurines moulées deviennent moins vigoureux, s'arrondissent et s'atténuent. Parfois même, les figurines moulées semblent moins soignées, moins précises et, aussi, moins attrayantes. Tout se passe comme si la fabrication d'une image simplifiée, mais néanmoins assez claire pour qu'on puisse toujours la décoder, importait plus que la beauté d'un objet fabriqué minutieusement en un seul exemplaire et sur lequel l'artiste passait sans doute beaucoup plus de temps. Il semble que la fabrication de figurines et leur production en grand nombre grâce au procédé par moulage soient alors devenues le moyen d'exprimer et de diffuser largement au sein de la société, de manière durable, une forme de « discours plastique » qui utilise ces icônes de terre cuite, faciles à manier et à déplacer. Outre les classiques figurines frontales, plusieurs thèmes « descriptifs » sont ainsi traités. Par exemple : mères tenant un bébé dans les bras, ou femmes soutenant leurs seins, personnages costumés ou masqués, personnages couchés sur des litières, couples faisant des gestes amoureux ou tendres, et même réalisant de manière très réaliste une activité sexuelle.

L'archéologie ne peut s'aider d'aucun autre document, en particulier écrit, qui expliciterait mieux ce discours plastique. Ces images paraissent faciles à lire au premier degré, mais, au-delà, elles demeurent le plus souvent silencieuses; elles ne sont que les reflets d'un monde très peu accessible sans les clés qui nous en ouvriraient les portes.

De même, la multitude de représentations animales dans la céramique Tumaco La Tolita nous est-elle aussi difficile à interpréter. Au-delà de la simple difficulté de reconnaître et d'identifier des espèces animales, se pose aussi la question du choix de telles représentations. Nous avons ainsi tenté d'analyser ces représentations zoomorphes et il nous est apparu que la plupart de ces figurines ne pouvaient en aucun cas être des représentations de gibiers convoités par les populations préhispaniques (Bouchard et Cadena, 1981). Si les espèces identifiables sont nombreuses et appartiennent surtout à la faune locale, terrestre et aérienne, il est clair que très peu étaient susceptibles d'être des proies alimentaires. En revanche, on peut s'étonner de voir fort peu représentés des animaux assurément consommés dans l'alimentation, en particulier pour la faune marine les poissons et les crustacés. L'hypothèse la plus cohérente, dans ce cas précis, suggère que ces figurines zoomorphes étaient en quelque sorte des éléments de soutien pédagogique qui permettaient d'apprendre à reconnaître des animaux sauvages de l'environnement naturel. Il faut toutefois rester prudent : à trop faire parler les œuvres d'art, quand ce sont les seuls vestiges qui nous sont parvenus, on risque aussi de leur prêter un message plus subjectif qu'objectif et de leur faire dire ce que l'on aimerait bien croire. Certaines exégèses en disent plus sur l'inconscient de leurs auteurs que sur ce qu'elles prétendent étudier… Là encore, l'archéologue doit avouer son incapacité à expliquer au-delà de telles propositions, calquées sur les observations faites en ethnologie pour des cas bien analogues.

Une même démarche s'appuyant aussi sur les travaux d'ethnologues qui ont accès à des sociétés vivantes peut néanmoins nous ouvrir des voies sur une approche d'un monde plus spirituel qui serait accessible à travers ces figurines et représentations plastiques. Nous tenterons d'analyser quelques-unes des représentations qui nous semblent ainsi entrouvrir les portes donnant accès aux systèmes de croyances que peut nous révéler la céramique Tumaco La Tolita.

La présence d'une grande nécropole unique, dans l'île de La Tolita, nous montre l'importance des cultes funéraires de cette société qui rassemblait tous ses défunts éminents dans ce territoire des morts. À côté de cette évidence simple, les vestiges archéologiques apportent peu d'indices sur des pratiques religieuses autres que funéraires. En particulier, il est difficile de supposer qu'il existait une éventuelle religion structurée autour de croyances à des divinités et de cultes rendus à ces divinités par un véritable clergé, comme il en exista pourtant réellement dans d'autres régions andines à l'époque préhispanique. Par exemple, au Pérou, au cours du Ier millénaire avant J.-C., apparut un culte religieux né, semble-t-il, à Chavín de Huantar. Servi par un clergé actif et sans doute nombreux, le culte de Chavín se répandit dans une grande partie des Andes centrales, diffusant partout les images de ses dieux, êtres surnaturels inspirés de la faune et parfois anthropomorphes. On pense de nos jours que ce clergé du culte Chavín maîtrisait aussi de grandes connaissances astronomiques, nécessaires à l'établissement d'un calendrier agricole très précis; or, celui-ci est indispensable dans les Andes péruviennes pour développer une agriculture efficace et adaptée aux cycles saisonniers. Il y aurait donc eu une combinaison religion-clergé directement reliée à l'économie agricole andine par l'astronomie et la mesure du temps permettant de prévoir les époques favorables aux activités agricoles. L'avènement d'un clergé, puis d'une théocratie, paraît la conséquence de l'adoption de techniques agricoles requérant des connaissances astronomiques hors de portée de la simple paysannerie andine.

Pour la culture de Tumaco La Tolita une telle interprétation ne peut être envisagée car l'agriculture en milieu équatorial humide n'a pas à prévoir des époques ou des saisons favorables qu'il faut anticiper pour ne pas gaspiller les efforts agricoles. Néanmoins, même si les populations de ce littoral étaient sans conteste des agriculteurs, elles vivaient dans un environnement naturel de forêts denses. Cela les apparente en partie au monde des groupes amérindiens de forêt tropicale humide pour qui prédominent des croyances s'appuyant sur un chamanisme très complexe, accompagnant un culte des ancêtres et des rites funéraires élaborés. Il est donc plus logique de penser que leurs croyances et pratiques s'approchaient davantage d'un tel système comme tendrait à le confirmer l'absence apparente de représentation de divinités. En effet, un certain nombre de figurines paraissent bien représenter des personnages impliqués dans des rituels qu'on essaiera ici de comprendre en se référant à des pratiques très répandues dans diverses populations amérindiennes andines.

Les représentations de têtes coupées

Quelques figurines indiquent qu'il existait bien un geste, sans doute rituel, de décapitation qui était suivi de la présentation de la tête tranchée, comme on peut le voir sur deux exemples différents traitant ce thème (photos 23 et 24). Il est important de remarquer que hormis un seul cas, ces représentations sont faites au moule, ce qui signifie que cette représentation d'un personnage exhibant une tête coupée devait être diffusée en nombre dans la société. Dans ce premier cas, un personnage en costume d'apparat tient devant son torse une tête coupée. Cela évoque peut-être une scène au cours de laquelle ce personnage présenterait la tête d'un être humain à un ou des spectateurs. On trouve dans différentes cultures préhispaniques, en particulier des Andes centrales, de nombreuses représentations d'un personnage tenant une ou des têtes coupées, qui semblent avoir été des attributs liés à une divinité ou à un être surnaturel, sans doute mythologique. Un tel personnage est aussi parfois interprété comme un égorgeur (en espagnol *degollador*), humain ou surnaturel, car il ne décapite pas ses victimes, mais il les sacrifie en leur tranchant la gorge.

Nous pouvons plutôt penser que la figurine représente un chamane ou un prêtre qui vient d'accomplir cette décollation et qui présente ensuite cette tête à l'assistance. Mais, rien n'indique dans cette image que ce geste vienne à la suite d'un supplice ou d'un rituel de sacrifice humain.

Le seul cas connu de représentation modelée est une figurine unique, que possède le musée national d'Anthropologie de Bogotá. Elle montre un personnage décapité dont la tête a été placée bien en évidence dans une ouverture découpée dans le ventre même du personnage qui semble avoir été éviscéré pour l'occasion. Cette figurine, dont il existe d'ailleurs un certain nombre de reproductions grossièrement falsifiées, pourrait indiquer un rituel, peut-être funéraire. Il semblerait bien que certains défunts aient été inhumés, après avoir été décapités, en plaçant leur tête en position non anatomique, comme le prouveraient certaines des inhumations découvertes à La Tolita (Valdez, 1987). Mais les ravages opérés par les pillards de sépultures à La Tolita ne nous permettent pas d'espérer en trouver d'autres confirmations en fouille. On sait néanmoins qu'au XVIe siècle, les conquistadors espagnols purent voir parmi les populations de la côte pacifique équatorienne, un peu au sud de la région Tumaco La Tolita, des têtes humaines réduites et gardées par les populations après avoir reçu un traitement complexe destiné à les conserver. Mais il n'existe aucun indice qui permettrait d'établir que cette coutume était la survivance d'une tradition funéraire très ancienne, illustrée par ces figurines.

Ces décapitations demeurent pour nous une énigme : s'agit-il de la mise à mort de condamnés, d'exécutions rituelles de captifs, de sacrifices humains de victimes dans le cadre d'un culte, ou même de simples décapitations *post mortem* effectuées sur des défunts? Il est encore possible que ces images correspondent à un événement de la mythologie de la culture Tumaco La Tolita. Peut-être est-ce un thème des croyances indigènes dont la signification nous échappe? On est tenté d'évoquer certains thèmes de l'iconographie religieuse chrétienne (crucifixions, pietàs,

PHOTO 23 – Figurine représentant un homme décapité (phase Tumaco La Tolita).
La tête est placée dans une cavité ouverte dans l'abdomen. Hauteur 8,1 cm. (Collections de l'Institut colombien d'anthropologie et d'histoire, Musée national d'anthropologie, Bogotá).

PHOTO 24 – Figurine montrant un personnage tenant une tête coupée (phase Tumaco La Tolita).
Ce thème est fréquemment représenté par des figurines faites au moule. En général, la tête coupée semble plus petite que celle du personnage en pied. (Collection privée).

supplices de martyrs…) qui demeureraient le plus souvent incompréhensibles aux profanes sans les textes qui nous en révèlent le sens. Rien ne permet de faire plus que de constater qu'il s'agissait certainement d'un événement suffisamment important pour qu'on le reproduise en série.

Rituels de transformation et usage des plantes psychotropes

Diverses plantes psychotropes et hallucinogènes abondent naturellement en Amérique du Sud, en particulier dans les milieux de forêt tropicale et la culture Tumaco La Tolita nous a livré diverses évidences de leur emploi.

Une des pratique les plus courantes dans les Andes est la mastication de feuilles de coca (*Erythroxylon coca*). On croit parfois, mais à tort, qu'elle était surtout le fait des populations de la sierra. Les informations concernent en bonne partie la dernière époque préhispanique, celle des Incas, qui en contrôlaient étroitement la production, la distribution et la consommation. Toutefois, c'était un usage remontant à des traditions millénaires et l'on sait à présent que c'était une pratique qui s'étendait aussi aux populations côtières et amazoniennes. D'ailleurs, le cocaïer, l'arbuste qui produit la coca, pousse plutôt à basse altitude et dans des climats chauds et assez humides. En Équateur, l'usage en est attesté sur la côte équatoriale dès la période du Formatif ancien dans la culture Valdivia. Selon Marcos, dès le IIIe millénaire avant notre ère, des dents d'individus Valdivia, découverts dans les sépultures, présentent des « calculs dentaires » qui sont dus à la mastication de coca. En effet, la coca est mêlée à de la chaux éteinte pour libérer ses principes actifs, et cela provoque sur les dents du chiqueur de coca des dépôts calcaires caractéristiques. Il n'y a donc rien d'étonnant à trouver quelques siècles plus tard une telle pratique dans une région assez voisine du littoral central de l'Équateur.

Pour la culture Tumaco La Tolita, la mastication de coca nous est révélée par diverses figurines anthropomorphes en céramique. Le plus souvent, ces personnages sont représentés assis sur un petit siège, avec une ou parfois deux chiques de coca gonflant leurs joues. Parfois, ils ont en main les ustensiles propres à cette mastication : un petit récipient est tenu d'une main tandis que l'autre main tient un instrument en forme de croissant. On aurait là une représentation du récipient contenant la chaux éteinte mêlée à la chique pour libérer les principes actifs de la coca. Dans d'autres cas, le personnage est représenté en attitude méditative, un peu prostré et soutenant son visage d'une main placée sous le menton. Certains de ces personnages ont une joue gonflée par ce qui semble une chique, comme les habituels mâcheurs de coca. On désigne souvent ces figurines par le terme espagnol de *pensadores* (penseurs) car elles ont une posture et une attitude évoquant une méditation extatique.

La coca était aussi employée par les marins qui naviguaient en pirogue et qui sont représentés avec une chique de coca (parfois deux) gonflant leurs joues. Ainsi que nous l'évoquerons plus loin, la coca permettait à ces pagayeurs de soutenir leur effort et de dépasser le seuil naturel de fatigue au cours de la navigation.

Dans les premiers cas, la coca aurait été utilisée pour ses qualités psychotropes, alors que, dans le second, elle servait lors de l'effort physique. Mais il s'agit toujours de déplacement et de voyage : la coca aide à transporter l'esprit comme le corps de ceux qui l'emploient… D'autres usages cérémoniels, comme les offrandes de feuilles de coca et leur emploi divinatoire, ne laissent hélas pas d'évidences archéologiques en climat chaud et humide et nous ne pouvons pas aller au-delà de la simple supposition pour de telles utilisations.

On trouve dans la céramique Tumaco La Tolita d'autres témoignages d'usage probable de plantes psychotropes. Ce sont des objets en céramique destinés à préparer ou contenir les produits hallucinogènes employés pour la communication avec les autres mondes. Une première évidence est fournie par de très petits récipients en céramique. Ces vases miniatures devaient contenir les poudres et les substances râpées, obtenues à partir de végétaux comme le *yopo (Anadenanthera peregrina)*. Ces substances étaient prises en général par inhalation de la poudre dans les fosses nasales et l'on connaît dans la céramique Tumaco La Tolita de petits objets tubulaires de céramique. Si certains ont bien été des embouts placés à l'extrémité de cannes de soufflage pour aviver les foyers de métallurgie, d'autres sont ornés de modelages décoratifs, ce qui semble plutôt les exclure de telles fonctions strictement utilitaires, et durent servir pour inhaler par le nez ces substances psychotropes. Enfin, un objet qui illustre cet usage est une petite figurine représentant sur une face une chauve-souris vampire (un animal de transformation par excellence dans le monde chamanique amérindien), dont l'envers comporte une cavité apte à contenir de telles poudres.

Ces derniers produits conduisent à s'intéresser aux autres indices qui paraissent révéler dans l'iconographie l'association des psychotropes et des rituels chamaniques de transformation. Il faut auparavant rappeler que le chamanisme indigène est très largement sous-tendu par la croyance que le chamane exercé peut atteindre d'autres identités, non humaines, au cours du « vol chamanique ». Pour cela, comme le montre l'observation ethnologique, il a recours très souvent à des plantes psychotropes et à divers accessoires de transformation, en particulier les masques et les costumes qu'il porte au cours des rituels. Nous pouvons retrouver dans diverses représentations un ensemble d'images que nous sommes incités à placer dans une perspective de rites ayant trait aux transformations chamaniques décrits par l'ethnologie.

L'Être hybride : transformations, masques, costumes et psychotropes

Il s'agit d'un thème important par l'abondance des représentations qui lui sont consacrées et qui concernent à la fois des récipients ornés et des figurines (photos 25-29).

Deux types de récipients spéciaux comportent des décors qui, selon nous, les désignent comme une catégorie de récipients plus rituels que culinaires. Ils nous semblent directement liés à des usages de plantes psychotropes, par le décor particulier qui les orne et qui paraît être une évocation directe de transformations obtenues par ces usages.

Le premier est formé de vases largement ouverts, aux bords plutôt bas et au fond plat incrusté d'esquilles de pierres acérées. Il est clair qu'ils servaient à râper des végétaux. Un ou deux appendices latéraux, formés par des têtes de monstres à l'aspect terrifiant, constituent des sortes de poignées courtes qui permettent de les saisir et de les maintenir fermement pendant leur emploi. Ces têtes monstrueuses possèdent des traits hybrides appartenant aux chauves-souris vampires (appendice nasal retroussé, crocs), aux félins (crocs, griffes) et parfois à l'aigle harpie (bec de rapace). On notera que ces animaux partagent la caractéristique d'être carnivores, ou hématophages, dans le cas du vampire qui suce le sang de ses proies. Ils possèdent des attributs capables de déchirer les chairs. Ils sont donc susceptibles d'être dangereux pour l'homme, par leurs armes naturelles sur lesquelles insiste justement l'iconographie des figurines. Ces armes animales expriment leur puissance et leur capacité à tuer. Elles sont reproduites avec emphase par les artistes pour souligner dans les images qu'ils créent le pouvoir létal de ces animaux, qui

Photo 25.

Photo 26.

PHOTO 27.

PHOTO 28.

PHOTOS 25, 26, 27, 28 – Récipients ornés d'une représentation de l'Être hybride (phase Tumaco La Tolita). L'Être hybride possède certains traits qui paraissent empruntés à la chauve-souris. Celle-ci est souvent perçue comme un être à part, doté de qualités exceptionnelles : pouvoir voler et s'orienter dans l'obscurité, voir « à l'envers » quand elle est au repos, suspendue la tête en bas. Une espèce particulière, le vampire, se nourrit aussi du sang de ses proies : c'est un animal redoutable, à la fois craint et respecté. Les vampires sont souvent porteurs de la rage et leurs morsures peuvent contaminer leurs proies et transmettre ainsi à l'homme cette maladie très souvent mortelle. La chauve-souris est l'un des animaux les plus importants parmi ceux liés aux rituels chamaniques anciens ou actuels. Pour accomplir leurs vols extatiques, sous l'influence de produits psychotropes, les chamanes cherchent souvent à obtenir ces qualités et pouvoirs des chauves-souris. (25 et 26 : Collection privée, 27 et 28 : Collections du Musée de la Céramique, Bogotá), n° 25 : hauteur 10,8 cm, n° 26 : hauteur 14,9 cm, n° 27 : hauteur 10,8 cm, n° 28 : hauteur 14,9 cm.

Photo 29 – Scène représentant deux chamanes portant des masques d'Être hybride (phase Tumaco La Tolita). La scène représente deux personnages masqués se faisant face et participant sans doute à un rituel chamanique. Hauteur : 15,6 cm. (Collections du Musée de la Céramique, Bogotá).

ont, en outre, la capacité de se déplacer très vite et sans bruit pour fondre sur leurs victimes. Dans les sociétés où la chasse tient une place importante, il est clair que ces animaux de proie sont perçus comme des chasseurs innés et que l'homme chasseur peut chercher à leur ressembler ou s'identifier à eux pour se doter de leurs qualités. Par les transformations chamaniques, l'homme rejoint ces animaux qui sont, encore plus que lui, de redoutables chasseurs.

Il faut ici revenir sur la place de la chauve-souris dans les sociétés préhispaniques des Andes septentrionales et équatoriales. On en connaît dès la période Chorrera des exemples dans la céramique zoomorphe. Dans l'iconographie préhispanique, les chauves-souris ont un rôle particulier : on trouve de nombreuses évocations de cet animal, parfois hybridé de félin ou de rapace. La chauve-souris est l'un des animaux les plus importants parmi ceux qui sont liés aux rituels chamaniques. Elle est très souvent perçue comme un être à part, doté de qualités exceptionnelles : pouvoir s'orienter dans l'obscurité, voir « à l'envers » quand elle est au repos, suspendue la tête en bas. Une espèce particulière (le vampire) se nourrit aussi du sang de ses proies : c'est un animal redoutable, à la fois craint et respecté. Les vampires sont souvent porteurs de la rage et leurs morsures peuvent contaminer leurs proies et transmettre à l'homme cette maladie le plus souvent mortelle. Lors de leurs vols extatiques, sous l'influence de produits psychotropes, les chamanes cherchent souvent à obtenir les qualités et pouvoirs des chauves-souris.

Selon les cas, la tête de l'Être hybride évoque plus la chauve-souris, ou plus l'aigle harpie, ou plus le félin, mais, globalement, c'est toujours un être d'aspect menaçant dont la tête et les membres sont pourvus d'appendices dangereux, représentés de manière exagérée. Il est frappant de retrouver sur presque toutes ces têtes d'Êtres hybrides une coiffe ou un diadème en U inversé. Cet attribut est formé de bandes parallèles ornées d'incisions géométriques ou de reliefs appliqués en pastillage. Cette coiffe qui entoure la face humanise en quelque sorte l'Être animal hybride en le dotant d'un attribut vestimentaire propre aux êtres humains.

Une autre classe de récipients est formée de vases fermés, aussi très particuliers. Ils sont ornés de la même créature hybride monstrueuse. Parfois, un corps de quadrupède plus ou moins ovoïde forme le récipient, mais plus souvent celui-ci est de forme géométrique et le décor figuratif se greffe sur le corps du vase. On y retrouve une représentation de cet Être hybride, en entier ou plus simplement évoqué par sa tête appliquée en relief sur le corps du vase. Il est important de souligner que lorsque c'est tout l'animal qui est représenté, il évoque très clairement la chauve-souris dans une attitude particulière et typique que cet animal prend lorsqu'il se déplace en rampant sur le sol. Dans ce cas, l'animal surmonte souvent le récipient comme s'il le recouvrait ou comme s'il le protégeait. L'association récipient, Être hybride indiquerait que les poteries marquées de cette icône servaient à préparer ou à contenir des boissons psychotropes. Elles devaient être analogues au *yajé*, aussi appelé *ayahuasca*, élaboré à partir d'une liane (*Banisteriopsis caapi*) qui abonde dans la région équatoriale. Ce *yajé* est toujours en usage sur la côte équatoriale où il est localement appelé *pildé*. Il est même parfois employé par les fouilleurs clandestins locaux car il est censé guider celui qui l'ingère vers des sites archéologiques où il découvrira des trésors !

L'Être hybride qui orne ces récipients représenterait donc l'avatar extatique du chamane. Son image apposée sur les récipients rituels serait un message d'avertissement explicite : « Qui boira ce breuvage se transformera en Être hybride. » Cet élément iconographique essentiel éclaire sur une icône de chamane masqué, propre à plusieurs cultures contemporaines de la côte équatoriale. La première, venant de La Tolita, montre un Être dressé au masque monstrueux, hybride de félin, de chiroptère et de rapace. Plus au sud, on retrouve des représentations de ce même personnage, très similaire mais représenté dans le style particulier de la culture Bahia de Caraquez, en Équateur. Enfin, une œuvre très exceptionnelle de la culture Tumaco La Tolita met en scène deux personnages masqués qui se font face et semblent bien réaliser un rituel chamanique. L'un d'eux tient un récipient qui paraît être un élément important de la réunion de ces deux Êtres masqués. La précédente analyse de l'Être hybride nous suggère qu'il s'agit là de chamanes portant un costume et un masque à l'image de cet Être, au cours d'un rituel leur permettant d'atteindre son identité au cours de leur voyage extatique.

La diffusion de ce thème dans une partie du littoral pacifique équatorial nous incite à penser que les trois cultures contemporaines Tumaco La Tolita, Jama Coaque et Bahia de Caraquez partageaient sans doute de telles pratiques et que l'Être hybride avait la même signification pour elles.

L'homme-jaguar

D'autres figurines anthropozoomorphes de la culture Tumaco La Tolita paraissent aussi illustrer ces rituels chamaniques de transformation. On y trouve associés des traits animaux et des traits humains rassemblés sur ces figurines (photo 30), mais en réalité il ne s'agit nullement d'un mélange de traits humains et animaux mais bien de la représentation d'hommes revêtus d'habits et de masques. Le plus souvent, il s'agit d'images d'hommes-jaguars, dressés debout sur les membres inférieurs.

Les figurines possèdent un corps anthropomorphe surmonté d'une grosse tête de félin (jaguar) à la gueule grande ouverte. À l'intérieur de cette gueule, apparaît très souvent une tête humaine. En général ce sont des figurines moulées, elles pouvaient donc être reproduites en plusieurs exemplaires, mais il en existe aussi qui furent exécutées par modelage. Malgré la différence de taille entre homme et félin dans la réalité, on a l'impression puissante que l'homme est entièrement contenu dans l'enveloppe féline et est ainsi devenu lui-même jaguar. Il est facile de comprendre que ces statuettes représentent là encore des hommes qui portent un masque et un costume et qu'elles se relient aussi à un rituel de transformation. Ces figurines expriment bien la croyance qu'en revêtant ce costume animal, l'homme (le chamane) se glisse dans la peau du jaguar et qu'à travers cet habit de félin, il atteint l'identité animale qu'il cherche à obtenir. Parfois, ces figurines conservent un naturalisme soucieux du détail, tandis que dans d'autres cas, l'image propose une vision plus globale. La tête humaine, aux traits moins précis, disparaît alors presque sous le masque félin (photos 31-33).

Tout comme dans les icônes précédentes de l'Être hybride, ces personnages portent très souvent la même coiffe en diadème, en forme de U inversé. Il est remarquable qu'on retrouve aussi de telles coiffes en diadèmes sur divers masques d'autres cultures de la Colombie. Mais la prudence incite à ne pas voir là plus qu'une convergence probable.

PHOTO 30 – Vase en forme de tête de félin (Phase Tumaco La Tolita).
Hauteur 16,8 cm. (Collections Banque de la République, Musée de l'Or, Bogotá).

PHOTO 31.

PHOTOS 31, 32, 33 – Figurines représentant un homme jaguar (phase Tumaco La Tolita).
Le félin peut être représenté soit pour lui même soit comme un animal lié aux rituels, inspirant les costumes ou les masques que portaient les chamanes ou les prêtres lors des cérémonies. Ces figurines évoqueraient un rite dans lequel le chamane revêt l'apparence d'un jaguar pour se transformer en animal. N° 32 : hauteur environ 35 cm. (31 et 33 : collection privée ; 32 : Musée de la Banque centrale, Quito).

Photo 32.

Photo 33.

Un exemplaire, unique car fait par modelage, est de plus grande taille et montre cette fois un grand jaguar dressé en station bipède. Sa gueule est ouverte et au milieu des crocs puissants du carnassier, apparaît un visage humain qui permet de comprendre que le masque et le costume ont ici atteint un degré supérieur. La peau de l'animal est l'habit de l'homme et l'homme habite l'animal, comme la pensée du chamane s'incarne en lui lors de sa transformation extatique. Il existe aussi d'autres exemples de telles figurines couvertes de petits reliefs apposés par pastillage, imitant peut-être des touffes de poils sur le corps des félins.

En conclusion, l'iconographie Tumaco La Tolita nous révèle une profondeur de plus de deux millénaires pour des thèmes qui sont souvent récurrents dans l'art préhispanique de Colombie et d'Équateur jusqu'à la conquête. Nous pensons que ces thèmes n'ont pas été inventés totalement par ces cultures des Andes du Nord. Selon nous, elles ne font que les interpréter (parfois pour la première fois) pour les reproduire dans des matériaux durables comme la céramique et l'or, plus rarement la pierre et le tissu. Ces objets sont pour nous les substituts tangibles de mythes et de mots qui ne furent jamais écrits ni gardés par une tradition orale directe.

Les vestiges archéologiques que nous venons d'évoquer nous laissent face à l'hypothèse d'un grand héritage culturel très ancien et venant de forêt tropicale humide (comme, entre autres, l'évoquait Donald Lathrap, il y a près d'un quart de siècle). Ces animaux peuplaient les mythes des lointains ancêtres de la *selva*. Ces ancêtres et leurs descendants ne seraient pas tous restés sous le couvert de la forêt. Certains suivirent les voies, souvent fluviales, menant vers l'ouest et les hautes terres des Andes. Avec eux, les mythes et les croyances chamaniques furent apportés jusqu'aux hautes vallées andines et, au-delà, jusqu'aux basses terres océaniques. Ces images mythiques seraient alors devenues les icônes reproduites par les artisans des « hautes cultures » du Nord de l'Amérique andine.

Une fois de plus, nous constatons que le triptyque andin « Forêt-Montagne-Côte » et ses interactions si souvent soulignées dans la littérature archéologique s'avèrent indissociables de l'évolution culturelle des groupes amérindiens qui s'y sont développés.

L'orfèvrerie Tumaco La Tolita

Le travail de l'or apparaît en divers points des Andes au cours du Ier millénaire avant J.-C. À partir du Ier millénaire de notre ère, cette technologie peut être considérée comme une caractéristique commune aux hautes cultures des Andes et l'orfèvrerie demeura toujours l'expression majeure du travail des métaux dans les civilisations andines. Pour la plupart d'entre elles, c'est d'ailleurs la seule forme connue du travail des métaux. Seules quelques-unes ont aussi travaillé d'autres métaux, tel le cuivre, ou des alliages à base de cuivre comme le bronze. Cette orfèvrerie apparaît dans la région Tumaco La Tolita dès la moitié du Ier millénaire avant J.-C. C'est sans doute la plus ancienne métallurgie des Andes septentrionales, mais aucun indice ne vient éclairer ses éventuelles origines. En effet, si l'on connaît pour les Andes centrales des vestiges plus anciens (vers 1500 avant J.-C. dans un site unique près d'Ayacucho et, pour la culture Chavín, au cours du Ier millénaire avant J.-C.), rien ne suggère que le travail de l'or dans les Andes n'ait qu'une seule origine. Tout comme pour la céramique, il semble plutôt qu'il y eût des inventions régionales qui se produisirent à des moments différents, sans rapports entre elles, au moins pour les premiers temps.

Nous supposons donc que ce furent bien les populations préhispaniques de la région Tumaco La Tolita qui inventèrent pour leurs besoins cette métallurgie du métal précieux et mirent au point leurs propres techniques d'orfèvrerie. Ils disposaient pour cela d'abondantes ressources aurifères exploitées dans les gisements alluviaux (les *placers*) situés dans les berges des nombreux cours d'eau de la plaine[1].

Les analyses de la composition métallique des objets d'orfèvrerie de la culture Tumaco La Tolita sont rares car aucune « œuvre d'art » n'a été analysée et seuls quelques fragments isolés ont pu l'être. Mais elles révèlent que le métal employé avait bien une origine locale. En effet, les résultats d'analyse font apparaître des compositions où prédomine l'or (Au), auquel sont associés en petites quantités, variables, le cuivre (Cu), l'argent (Ag) et, même, le platine (Pt). Ce dernier métal se trouve naturellement présent dans la plupart de ces alluvions aurifères et il est donc très caractéristique de l'or natif de la région. En général, on considère que la présence de platine dans l'or est indésirable car sa dureté et la chaleur très forte qu'il faut atteindre pour obtenir sa fusion (son point de fusion est de 1 772 °C) rend l'or qui en contient peu facile à travailler, alors que l'or sans platine est très ductile et malléable. Cela explique qu'en Occident, le platine fut longtemps considéré comme un métal inutilisable et ne put être travaillé en orfèvrerie qu'à partir du XVIIIe siècle quand on sut enfin atteindre la température nécessaire à sa fusion. Malgré tout, les orfèvres préhispaniques de Tumaco La Tolita le travaillaient en l'incluant dans l'or en fusion par « frittage ». Dans ce processus, bien que les particules de chaque métal (Au et Pt) restent séparées les unes des autres, l'or en fusion prend en inclusion les petits grains de platine, ce qui forme une masse métallique composite. C'est cette masse que les orfèvres parvenaient à travailler « à froid », sans procéder à une nouvelle fusion ou coulée.

Sur le plan technologique, les artisans orfèvres disposaient d'une gamme d'outils en céramique et en pierre. La fusion du métal était réalisée dans de petits creusets en céramique, chauffés sur un feu de braises avivé au moyen de « cannes de soufflage » faites de tubes de roseaux ou de végétaux. Ceux-ci comportaient à une extrémité un embout tubulaire en céramique faisant tuyère pour concentrer le souffle du forgeron sur les braises et faire monter ainsi la température du foyer. On doit noter que le bois de palétuvier, si abondant dans cette région, procure l'un des meilleurs charbons de bois, toujours très utilisé comme combustible. On coulait le métal en fusion dans de petites matrices en céramique percées d'alvéoles où se déposaient les gouttelettes d'or fondu. En se refroidissant, elles se solidifiaient en petits granules sphériques qui formaient la matière première travaillée ensuite par les orfèvres. Pour mettre en forme ces granules, l'orfèvre disposait d'enclumes et de percuteurs faits de galets de pierre très dure permettant d'aplatir la sphère en une plaque laminaire de faible épaisseur. Des ciseaux en pierre dure permettaient de découper ces plaques pour les façonner. Ces opérations délicates imposaient de pratiquer en cours de travail une technique appelée « recuit », consistant à exposer au feu de manière répétée le métal martelé pour lui redonner son élasticité et sa malléabilité, évitant ainsi qu'il ne se craquèle sous les coups du percuteur. Cela suppose qu'il existait un bon contrôle des températures des foyers, permettant de travailler en deçà des points de fusion des

1. De nos jours encore, ces *placers* demeurent l'une des grandes richesses naturelles et font l'objet d'une exploitation d'envergure dans les parties côtières de Colombie les plus reculées et inaccessibles. Elle est souvent pratiquée sans aucun contrôle : son impact sur les milieux naturels est destructeur en raison des moyens employés : extraction mécanique intensive des alluvions, amalgame de l'or au mercure qui pollue les cours d'eau…

amalgames métalliques à base d'or. La maîtrise des artisans était telle qu'ils parvinrent à obtenir des fils d'or d'une extrême finesse par martelages successifs des faces de lamelles métalliques. De tels fils étaient utilisés pour exécuter des décors filigranés ou assembler des éléments. Il est possible aussi que les plus fins aient été utilisés pour rehausser des textiles par des ornements en fils d'or.

L'une des techniques les plus communes était de procéder à une mise en forme du plan unique et laminaire de ces plaques. Cela se faisait au moyen de matrices ou par cintrage, donnant ainsi un aspect tridimensionnel aux œuvres. Une autre technique faisait appel au « repoussé » qui donne un volume saillant à l'objet en appliquant des pressions ou des percussions sur la face arrière de la plaque. Cette même technique servait aussi à exécuter des éléments de décor sur l'objet après sa mise en forme préalable (fig. 14, photos 34-35). Pour la plupart, ces techniques dites « à froid » exigent toutefois de « recuire » fréquemment l'objet en cours de fabrication.

La maîtrise des divers alliages permettait aux orfèvres de réaliser des objets composites dont chaque élément avait ainsi des couleurs différentes : on obtenait alors un or plus ou moins pâle ou plus ou moins rouge selon les teneurs respectives en argent et en cuivre, ce qui autorisait la fabrication d'objets polychromes. Ces différents alliages, qui entrent en fusion à des températures diverses selon la proportion plus ou moins grande d'argent ou de cuivre associée à l'or, servaient aussi à réaliser des soudures métalliques. Pour assembler ces parties l'on soudait les pièces entre elles avec un alliage au point de fusion inférieur au leur. Là encore, il faut admirer la maîtrise qu'implique un tel procédé (photo 36).

D'autres techniques d'assemblage faisaient appel à des emboîtages et à des pliages s'imbriquant les uns dans les autres. Les orfèvres devaient procéder à ces opérations avec un soin méticuleux pour éviter les craquèlements lors de tels pliages. Il existe aussi des exemples de pièces composites, comme l'exceptionnelle figurine provenant du site de El Angel et attribuée à la culture Tumaco La Tolita, où les divers éléments sont reliés entre eux par des fils métalliques qui donnent presque l'impression que l'on cherchait à fabriquer ainsi des objets « articulés » ou en tout cas partiellement mobiles (photo 37).

On pouvait ainsi fabriquer des objets composites de grande taille, qu'il aurait été autrement impossible d'obtenir sans effectuer une coulée dans des moules. Les divers procédés complexes de coulage n'étaient apparemment pas encore utilisés à l'époque. Ils n'entrèrent en usage que plus tard, dans d'autres régions des Andes septentrionales et centrales.

La grande malléabilité de l'or a sans doute beaucoup contribué au fait que la métallurgie de Tumaco La Tolita ne servit pas à fabriquer de véritables outils, même de façon exceptionnelle. Bien que très abondante, la matière première disponible ne l'aurait d'ailleurs pas permis. L'or de cette culture était surtout destiné à produire des objets somptueux, ornements et bijoux, figurines ou masques, qui paraissent avoir été directement liés à une forme d'expression esthétique. On connaît pourtant quelques exemples d'objets en or qui semblent peut-être utilitaires, tels des hameçons recourbés mais on peut se demander s'ils ont bien servi effectivement à la pêche, ou s'ils constituaient les images d'outils réalisés en d'autres matières (coquilles ou épines recourbées par exemple).

PHOTO 34 – Paire de pendentifs appartenant à des ornements d'oreille (phase Tumaco La Tolita). Ces deux éléments sont fabriqués à partir d'une feuille d'or martelée sur laquelle le décor est effectué « en repoussé ». Le motif central, en relief convexe accentué, représente une tête anthropozoomorphe dotée de canines proéminentes. Hauteur 16 cm. (Collections de la Banque de la République, Musée de l'Or, Bogotá).

PHOTO 35 – « Pectoral » en or provenant de La Tolita (phase Tumaco La Tolita).
La partie principale, de forme trapézoïdale, est en feuille d'or martelée et présente un décor exécuté par repoussé. On peut en faire une lecture à divers degrés en décomposant successivement les éléments du décor en repoussé (voir figure 14).

Dans sa partie inférieure, on peut reconnaître deux têtes de monstres (sauriens?) s'affrontant de profil (a). Mais ces deux têtes rapprochées peuvent être « lues » comme la représentation d'un visage vu de face (b). À son tour, ce visage, placé dans la partie basse du trapèze, peut être interprété comme une bouche et un nez appartenant à un autre visage formé de tout l'élément, si l'on fait l'abstraction des décors placés sur sa périphérie (c et d). (Collections du Musée de l'université de Pensylvannie-Philadelphie).

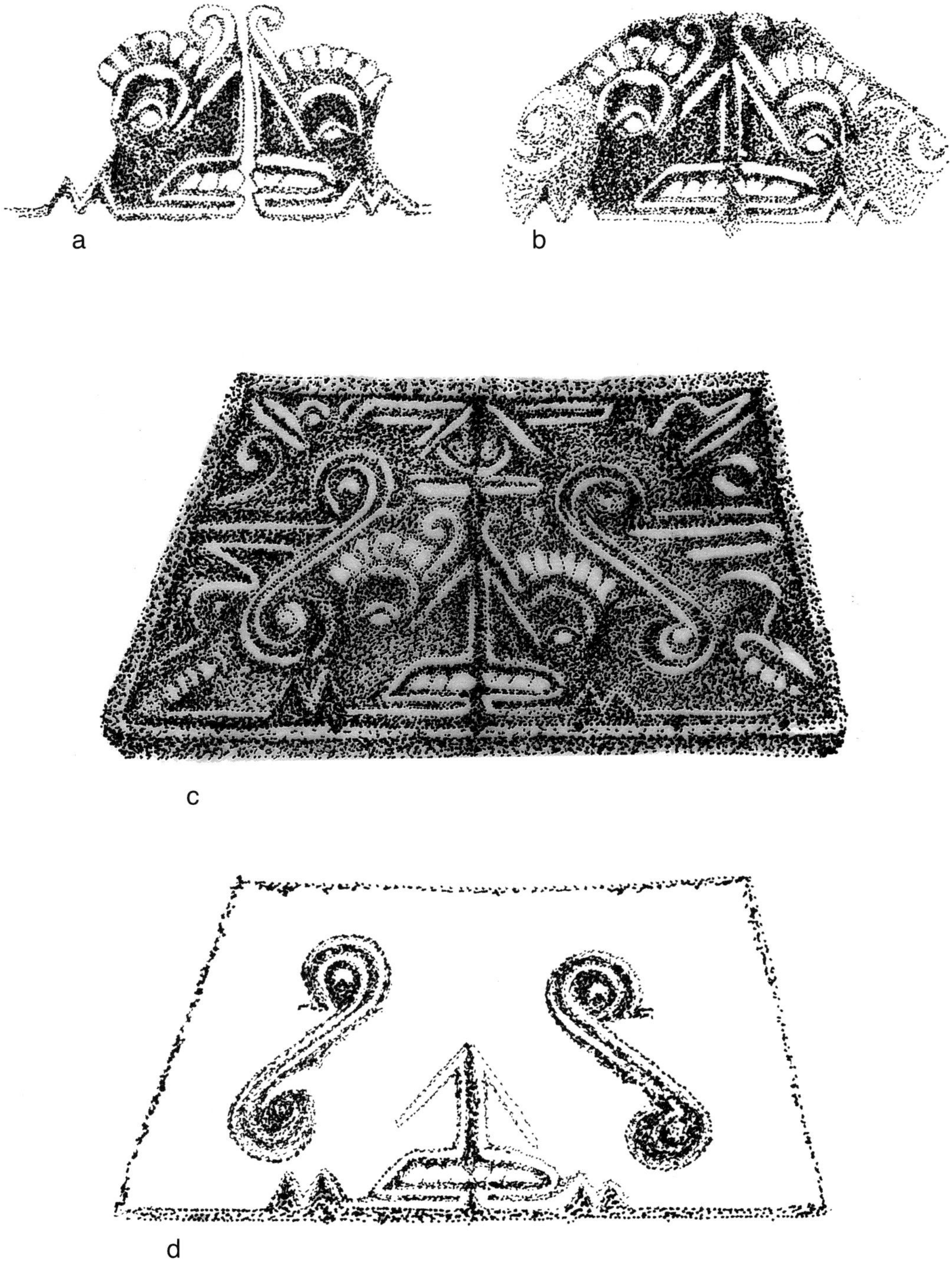

a b c d

FIGURE 14 – Élément central d'un pectoral Tumaco La Tolita : proposition d'interprétation.

PHOTO 36 – Tête anthropo-zoomorphe (or, platine, émeraudes) (Phase Tumaco La Tolita).
Cette tête composite est composée de plusieurs éléments articulés et fait appel à un grand nombre de techniques d'orfèvrerie : martelage, repoussé, soudure, filigrane. À l'arrière-plan, un élément central forme la tête d'un félin aux crocs proéminents. Sur cette tête s'articule une coiffe en diadème à laquelle sont suspendus les éléments figurant les yeux faits en platine avec un iris en pierre précieuse. Hauteur 7,4 cm. (Collections du Musée de la Banque centrale de l'Équateur, Quito).

PHOTO 37 – Figurine composite articulée (phase Tumaco La Tolita).
Cette figurine fut trouvée dans les hautes terres de l'Équateur à El Angel (province du Carchi). Mais son style permet de l'attribuer clairement à la phase Tumaco La Tolita. De même la présence d'un œil fait en platine confirme cette attribution, car ce métal fut seulement travaillé par les orfèvres de cette phase.
La figurine est faite d'éléments en feuille d'or martelée et cintrée. Ils sont joints entre eux par des fils métalliques. Hauteur 13 cm. (Collections du Musée de l'Homme, Paris).

La valeur mercantile qui fut très vite donnée à l'or dans d'autres régions du monde (en particulier en Occident) semble n'avoir jamais été à l'origine de l'intérêt que lui portaient les divers peuples préhispaniques pratiquant l'orfèvrerie. Il nous est pourtant difficile de savoir quelle valeur avaient aux yeux des populations andines l'or et les alliages précieux. Elles l'utilisaient comme une matière première, certes particulière, pour en faire des objets de vénération, d'offrande ou de parure. Mais on peut supposer qu'elles lui prêtaient une valeur symbolique, peut-être associée à ses qualités : son éclat, son inaltérabilité et sa relative malléabilité qui le rendait apte à élaborer des objets. Du moins c'est ce que nous pouvons déduire des témoignages recueillis par les conquistadors espagnols : l'or était souvent associé au soleil, lui-même parfois perçu comme une divinité ou, tout au moins, comme doté de puissances surnaturelles. D'où de fréquentes allusions, dans la littérature, à l'or qui était souvent considéré par certains groupes tardifs comme les Incas, les Taironas, ou les Muiscas, comme « sueur » ou « larmes » du soleil. Mais, pour les populations les plus anciennes, sans continuité jusqu'à l'époque de contact, nous n'avons pas de véritables indications sur la valeur qu'elles donnaient aux métaux que nous appelons précieux ou nobles, mais qui étaient les seuls, avec le cuivre, qu'elles connaissaient et travaillaient.

À l'époque Tumaco La Tolita, il semble que l'usage de l'or était courant et sans doute très fréquent, au moins pour les personnages les plus importants de la société et qu'il n'était donc pas limité aux seules offrandes funéraires. Divers bijoux comme les bracelets, les pendentifs et les colliers, les ornements d'oreilles et de nez *(orejeras, narigueras)*, et d'autres insignes de pouvoir étaient habituellement portés comme le montrent les figurines de céramique, où l'on reconnaît clairement leur représentation. Certaines statuettes de céramique comportaient même, semble-il, de véritables bijoux miniatures en métal.

Après avoir été portés pendant la vie du défunt, de tels ornements étaient vraisemblablement déposés avec lui dans la sépulture, au milieu d'offrandes faites dans un seul but funéraire. Il est presque impossible d'établir une distinction entre les objets utilisés du vivant des défunts et les offrandes faites exclusivement pour être déposées dans les sépultures, d'autant que celles-ci furent pillées et non fouillées « dans les règles de l'art » par des archéologues professionnels.

Par certains côtés, ces réalisations d'orfèvrerie étaient fragiles en raison de leur finesse, mais elles étaient aussi presque indestructibles du fait de la bonne résistance de l'or au vieillissement. Peut-être est-ce pour cela que ces objets étaient déposés avec les défunts dans les sépultures de La Tolita?

Ces objets en or ne furent pas souvent considérés comme des œuvres d'art respectables par les pilleurs qui les découvraient : on suppose que beaucoup furent fondus en lingots. Le XXe siècle fut fatal aux sites archéologiques de La Tolita, qui avaient échappé à la cupidité des conquistadors du XVIe siècle et qui furent aussi épargnés par les orpailleurs des siècles suivants. L'île de La Tolita fut acquise en 1896 par un propriétaire terrien, Antonio Isaias Sanchez, qui en fit une exploitation agricole. À sa mort, ses fils cédèrent leurs droits à leur oncle, Pablo Isaias Sanchez. Ce dernier y établit un élevage de bétail, mais il entreprit aussi diverses fouilles clandestines dans un secteur dénommé La Tolita Pampa de Oro, là où se trouvent les principaux monticules et sites d'inhumation préhispaniques. En 1912, il découvrit dans un des monticules un important trésor, contenu dans une grande urne funéraire, servant de sépulture à un enfant (Farabee, 1921). Il semblerait que Sanchez fut un fouilleur clandestin atypique, consignant les informations et s'abstenant de fondre ses trouvailles. C'est ce qui apparaît dans l'article de Farabee, bien que l'on ignore si ce fut Sanchez lui-même qui fit le choix de les céder à un musée capable de les conserver. C'est là l'un des seuls exemples à peu près documentés, grâce au court article que lui consacra Farabee. Celui-ci mentionne aussi le chiffre de « deux mille ou trois mille objets d'orfèvrerie » venant de La Tolita et conservés au Musée de l'université de Pennsylvanie. Ils constituent, à notre connaissance, l'une des plus importantes, sinon la plus importante collection publique d'orfèvrerie de la région Tumaco La Tolita. Selon la date de l'article de Farabee, 1921, on peut penser qu'ils furent tous découverts lors de telles fouilles, pour le moins sauvages et non conduites par des archéologues. Mais le sort de La Tolita devait encore empirer. À partir de 1923, le propriétaire suivant, Donato Yanucelli, y exploita une concession minière d'or (alors qu'une étude géologique montra bien ensuite qu'il n'y avait là aucun *placer* naturel). Il organisa l'extraction de manière quasi industrielle, détruisant une partie des monticules et sépultures de La Tolita aux seules fins d'en récupérer l'or qu'il fondait en lingots. La poursuite des fouilles clandestines par des *guaqueros* pendant la seconde moitié du XXe siècle continua de faire disparaître ces œuvres d'art élaborées par les orfèvres de Tumaco La Tolita. Ainsi, nombre de dents en or arborées fièrement par les habitants actuels de la région n'ont pas d'autre origine que la découverte de vestiges d'orfèvrerie dans une sépulture préhispanique! Les innombrables cratères qui y subsistent attestent des décennies d'un pillage effréné qui détruisit sans doute la plupart des sépultures de cette civilisation. Seules quelques pièces d'orfèvrerie nous sont parvenues intactes et ont pu être acquises tardivement par des musées d'Équateur et de Colombie pour témoigner de l'art de ces orfèvres.

Toutefois, dans les dernières décennies, quelques fouilles scientifiques, aussi bien en Colombie qu'en Équateur, ont permis de mettre au jour divers fragments d'orfèvrerie dans des sites non funéraires. Dans tous ces cas, l'association directe de l'orfèvrerie avec de la céramique Tumaco La Tolita a pu permettre d'attribuer ces vestiges à cette phase culturelle. Ces découvertes sont très modestes et ne sont en rien comparables avec celles qui purent se faire dans les sépultures de La Tolita. Selon les évidences de ces fouilles, il s'agit d'objets d'orfèvrerie, ou de fragments, associés à des vestiges archéologiques abandonnés *in situ*, dans des dépotoirs ou sols d'habitats. Ces objets représentent une infime partie de l'orfèvrerie produite par la culture Tumaco La Tolita, mais elles ont aussi beaucoup apporté à nos connaissances. Ainsi l'une des premières découvertes par des archéologues fut-elle faite sur le site d'Inguapi, près de Tumaco, où nos fouilles en 1978 ont permis de dater trois fils d'or d'une extrême finesse dans un dépotoir contenant aussi des fragments de figurines et de poterie. Une datation ^{14}C associée directement à ces dépôts a donné une date de 325 avant J.-C. (Bouchard, 1979). D'autres exemples d'orfèvrerie de cette même phase ont ensuite été découverts dans des sites, eux aussi non funéraires, près de Tumaco. Ils reculent encore les datations de cette très ancienne orfèvrerie et la font à présent remonter au VIe siècle avant J.-C. (Patiño Castaño, 1998).

Relations entre Tumaco et La Tolita
navigation, contacts, pratiques funéraires

Entre la métropole et ses territoires, proches ou lointains, il existait un tissu de liens étroits, établis grâce à la navigation par mer ou voie fluviale. Les marins maîtrisaient l'art de naviguer en pirogue, assurant ainsi les contacts sur de longues distances. Ils transportaient les biens les plus précieux et assuraient aussi le dernier voyage des défunts les plus importants vers La Tolita.

Pour aborder ce thème, il est indispensable de faire l'analyse des modalités pratiques des déplacements à l'intérieur de la région du littoral nord-équatorial. On ne peut exclure complètement, pour la période préhispanique, l'hypothèse de déplacements terrestres, toujours possibles bien que très lents en raison des nombreux détours obligatoires pour contourner les zones marécageuses si abondantes dans cette plaine littorale. De tels déplacements paraissent surtout avoir été limités dans l'espace à quelques courts trajets terrestres, mais, de toute évidence, ils ne peuvent avoir répondu à tous les besoins de transport. Surtout, ils peuvent difficilement avoir permis une circulation nord/sud dans la partie côtière dont les sols inondables se prêtent mal à l'ouverture de chemins terrestres. Même pour des déplacements locaux, il est souvent plus avantageux de les faire par voie aquatique, ce qui permet aussi de passer d'un cours d'eau à l'autre grâce aux nombreux chenaux de marée qui les interconnectent à marée haute.

L'expérience actuelle démontre toujours la supériorité des transports aquatiques sur les transports terrestres. C'est en réalité l'unique moyen de déplacement vraiment efficace et rapide et, plus encore, de transport de fret dans cette région où les rivières et les lagunes marécageuses sont autant d'obstacles à la marche (photos 38 et 39).

La navigation maritime, plus ou moins loin des côtes, peut aussi avoir joué un rôle essentiel dans les contacts entre les diverses zones d'habitat préhispaniques de la région littorale nord-équatoriale, en particulier depuis La Tolita vers le Nord.

Les entraves naturelles aux communications entre le Sud et le Nord impliquent néanmoins le réexamen des conditions d'une telle navigation côtière, attestée sur le reste du littoral équatorial dès le Formatif ancien (Holm, 1984). Ce sujet passe d'abord par l'étude critique des embarcations utilisées et par celle des conditions pratiques de leur utilisation en mer, à partir des observations sur le terrain et des quelques indications archéologiques et ethnohistoriques disponibles (Alcina Franch, Alonso, Bouchard, Guinea, 1987).

Photo 38

Photo 39

Photos 38 et 39 – Pirogues monoxyles actuelles (rio Santiago, Équateur).
Les populations afro-américaines et les indigènes cayapas emploient toujours les pirogues pour se déplacer sur les cours d'eau, voire en mer. Bien que les moteurs hors bord deviennent de plus en plus fréquents, beaucoup emploient encore des pagaies ou de longues perches pour propulser leurs embarcations.

Pour toute l'époque préhispanique les embarcations connues sur cette côte équatoriale se résument à deux types : les radeaux (en espagnol, *balsas*) et les pirogues (en espagnol, *canoas*). Les *balsas* sont des radeaux faits de plusieurs troncs d'arbre, les *canoas* sont des pirogues monoxyles, c'est-à-dire creusées dans un tronc d'arbre unique. Ces embarcations remontent à une tradition sans doute ancienne, mais, lors de la conquête, elles étaient alors dotées d'éléments destinés à améliorer leurs performances, qui furent sans doute mis au point assez tardivement. Deux sortes de documents, assez peu nombreux, en attestent l'existence : les commentaires des Espagnols au moment de la conquête et des vestiges archéologiques (principalement des représentations en céramique). De bonnes observations de ces embarcations indigènes datent du XVIe siècle.

Les radeaux décrits par les conquistadors étaient construits en troncs de balsa et propulsés par une voile quadrangulaire ou triangulaire. Leur taille permettait d'embarquer un équipage de marins et une cargaison importante, posée sur la plate-forme du radeau. Ils étaient équipés de dérives de bois *(guaras)* qui leur permettaient de naviguer en remontant au vent. Leur propulsion pouvait aussi être assurée par de grandes pagaies. À l'arrière, une autre grande pagaie servait de gouvernail pour manœuvrer et diriger le radeau. Ce type d'embarcation représentait aux yeux des Espagnols du XVIe siècle (dont les propres bateaux avaient d'assez modestes performances en navigation contre le vent) un engin parfaitement adapté aux conditions de navigation dans cette partie du Pacifique, bien qu'ils ne l'aient jamais adopté pour eux-mêmes. Plusieurs témoignages concordent pour leur reconnaître une bonne tenue en mer, même avec des charges de 400 à 500 *quintales* (au XVIe siècle, 1 *quintal* équivaut à 100 livres de Castille, et la livre de Castille à 460 grammes), et une bonne capacité à remonter au vent grâce aux dérives latérales qui les équipaient. De tels radeaux furent même observés en haute mer à des latitudes proches de la région équatoriale, mais ils provenaient de régions côtières du sud et du centre de l'Équateur, ou des côtes du Pérou. Ce sont en réalité les seules embarcations importantes et de grande taille. Certaines pirogues, creusées dans de très gros arbres, peuvent atteindre aussi de grandes dimensions mais, propulsées par un équipage de rameurs pagayeurs qui occupent beaucoup de place, elles sont sans doute moins aptes à porter les charges volumineuses que les radeaux utilisés sur la côte centrale.

Néanmoins, dans la région du littoral pacifique nord-équatorial, les Espagnols ne mentionnent que des pirogues monoxyles de tailles diverses et non de grands radeaux comme ceux qu'ils rencontrèrent plus au sud ou en haute mer. Certes, il existait bien de précaires plates-formes flottantes servant d'embarcations temporaires en eaux calmes, ce qui montre que le principe du radeau était connu bien qu'il ne fût pas appliqué dans la région pour fabriquer de grandes embarcations comme celles des côtes voisines.

Outre ces témoignages, assez rares et nécessairement tardifs, les seuls autres indices pour la région nord-équatoriale sont quelques représentations en céramique de pirogues et de pagayeurs parmi les figurines dites Tumaco La Tolita datables de la période des Développements régionaux (photos 40-41). La pratique de la navigation maritime ne peut être mise en doute pour ces groupes préhispaniques, mais il nous faut donc n'envisager que l'usage de pirogues et non celui de radeaux, comme c'était le cas plus au sud. De même, on ne peut sans doute pas envisager qu'avec de simples pirogues, les navigateurs de cette côte pouvaient effectuer les mêmes trajets que les marins navigant sur les grands radeaux de balsa. On supposera donc qu'ils pratiquaient surtout une navigation à courte ou moyenne distance, segmentant sans doute les trajets en plusieurs étapes s'il leur fallait aller loin.

Photo 40

Photo 41

Photos 40 et 41 – Représentations de pirogue et de pagayeurs (phase Tumaco La Tolita).
L'embarcation montre des flotteurs externes, le long du tronc creusé formant la pirogue. Les marins sont en général représentés assis ou, parfois, accroupis (40 et 41 : Collections du Musée de la Banque centrale, Guayaquil).

Par ailleurs, l'examen détaillé du régime des vents et des courants de surface dans cette région au moyen des documents modernes de navigation (cartes marines et les *Pilot Charts of the South Pacific Ocean,* éditées par la *Defense Mapping Agency,* Washington, USA) révèle une très forte prédominance de vents et de courants marins favorables à un voyage du sud vers le nord et, donc, défavorables de façon quasi permanente au voyage du nord vers le sud.

Si le voyage sud-nord/nord ne présentait pas de réelles difficultés, le retour semble plus problématique. Il est donc nécessaire d'examiner de manière détaillée la « faisabilité » d'une navigation maritime entre les régions de La Tolita et de Tumaco. Celle-ci dépend des courants marins de surface et des vents dominants dont les caractéristiques sont demeurées stables jusqu'à nos jours. Leur étude en est donc possible grâce à des documents modernes de navigation, telles les chartes de pilotes pour le Pacifique Sud. Ces chartes rendent compte de l'état très précis des orientations des vents et courants, détaillés mois par mois et par secteur de navigation. Leur consultation nous a permis d'analyser les conditions de navigation pour la région littorale du Pacifique nord-équatorial.

On doit noter que, pendant trois mois (septembre, octobre, novembre), il existe un fort courant de 15 à 20 nœuds marins en sens sud-nord/nord (1 nœud marin = 1 mille nautique à l'heure = 1 852 mètres/heure). Ce courant, bien supérieur à la vitesse des embarcations, rend très difficile une route directe à contresens, d'autant que, presque toute l'année, les vents dominants soufflent aussi du sud vers le nord. Ce même courant sud-nord/nord s'exerce encore, mais plus faiblement, pendant six autres mois (de mars à août compris). Pendant les derniers mois (décembre, janvier, février) prédomine un courant allant de la terre vers le large (c'est-à-dire est-ouest). Les vents dominants dans cette région sont plutôt faibles mais pratiquement toujours plus favorables à la navigation depuis le sud vers le nord.

Le plus souvent, donc, l'ensemble des conditions (courants et vents portants) facilite une navigation depuis le sud vers le nord (c'est-à-dire depuis la région de La Tolita vers Tumaco) et il défavorise la navigation en sens contraire. L'orientation des flèches marines et l'érosion des cordons littoraux façonnés par la houle, comme l'indique d'ailleurs l'étude géomorphologique du littoral, traduisent sur le profil de la côte actuelle ces conditions globales.

Les conséquences de ces conditions font que le voyage à l'aller peut se faire très directement en faisant coïncider la route prise avec la direction des courants et des vents, qui portent tous deux vers la région Nord.

En revanche, un voyage par mer depuis Tumaco vers La Tolita est rendu plus lent et il implique aussi un plus grand effort de propulsion, pour compenser la force adverse des courants et les vents défavorables. Cette difficulté s'accroît d'autant plus si les embarcations portent une cargaison qui les alourdit et dont le volume fait prise aux vents contraires.

Ce retour du nord vers le sud doit donc se faire en intégrant tous ces paramètres défavorables et y répondre en évitant de naviguer directement contre vents et courants, au moins jusqu'au passage du cap Manglares, situé à mi-route. Un retour selon la voie « directe » en coupant au plus court, qui serait idéal sans les conditions défavorables, semble donc irréalisable puisqu'il faut naviguer contre vents et courants et franchir les passages difficiles près des embouchures de fleuves. De nos jours, les pirogues modernes, aménagées pour la navigation au moteur, utilisent des moteurs de très grande puissance, leur permettant d'aller dans toutes les directions sans avoir à se préoccuper de ces courants et vents contraires, qui rendent inefficaces les moteurs peu puissants.

Pour effectuer ce voyage dans le sens nord/sud il était donc nécessaire de suivre une route indirecte, plus longue que la route directe, mais qui permettait de réduire le temps de navigation contre le courant et contre le vent. Cette route se décompose en trois segments successifs. Le premier segment se fait en s'éloignant d'abord de la côte vers l'ouest, puis un deuxième segment en mettant le cap vers le sud jusqu'à la hauteur des ports d'arrivée qui sont atteints en naviguant vers l'est sur le troisième et dernier segment.

Pour diminuer encore ces conditions défavorables, un « programme optimisé » de navigation consiste à effectuer le premier et le dernier segment avec l'aide du flux des marées descendantes et montantes (jusant et flot). En effet, comme dans toutes les régions à fort marnage, ces courants sont toujours très puissants près des côtes et il importe de ne pas naviguer à contre-courant de flux ou de reflux. Il faut pour cela quitter la rade de Tumaco au moment où la marée se retire et gagner le large en profitant du flux descendant puis faire route au sud pendant l'étale de basse mer et, enfin, entrer dans l'embouchure du Santiago avec l'aide du flux montant (fig. 15).

Une telle stratégie de navigation peut s'établir sur un cycle complet de marée ou, si nécessaire, sur tout autre multiple du cycle. L'utilisation judicieuse des flux de marée permet ainsi d'accroître la vitesse des embarcations sur le premier et sur le dernier segment du trajet, tout en réduisant d'autant l'effort des pagayeurs. Ceux-ci peuvent alors conserver leurs forces pour le segment intermédiaire qui doit nécessairement se faire à contre-courant et contre le vent.

Il est par ailleurs important d'examiner en détail les figurines en céramique de ces pagayeurs attribuées à la culture Tumaco La Tolita dans les collections de musée et dont plusieurs sont représentées dans diverses publications[1]. Pour la plupart, elles se différencient beaucoup des autres figurines anthropomorphes Tumaco La Tolita. La manufacture en est plutôt moins minutieuse et fait souvent appel à un modelage très simplifié et non au moulage. Ces personnages sont représentés assis dans une pirogue et font le geste de tenir une pagaie, ce qui ne laisse aucune équivoque sur leur activité. On notera la différence avec un dessin de radeau de balsa figurant dans l'ouvrage de Benzoni, où les pagayeurs sont représentés agenouillés (Benzoni, 1967).

Sur certaines d'entre elles, on peut voir en outre, que les têtes paraissent correspondre à un type éloigné des autres figurines, marquant peut-être un statut distinct ou encore des traits physiques bien différents. Leurs yeux sont souvent représentés par un simple pastillage ovale et non par un des nombreux types de modelé oculaire répertoriés pour toutes les autres figurines. De même, ils sont représentés nus et avec, parfois, un bandeau de tissu ceint autour de la tête.

Mais surtout, plusieurs figurines présentent une particularité remarquable : une boule en pastillage est placée sur une des joues des pagayeurs. Elle indique, selon toute vraisemblance, l'utilisation de chiques par ces pagayeurs. Cette pratique peut être rapprochée de l'usage fréquent de chiques de coca pendant l'effort par les populations traditionnelles préhispaniques ou actuelles des Andes. Dans ce cas particulier, il semble fort probable qu'un tel stimulant (coca ou autre) permettait aux marins de pagayer sans arrêt sur le segment de navigation à contre-courant et contre le vent, jusqu'au moment où le flux montant les propulsait vers la côte.

1. (d'Harcourt, 1942-1947, p. 138 et fig. 22, pl. XLVII, n° 3, pl. XLI, n° 8, pl. XLV, n° 1; Sanchez Montañez, 1981, lam. 16, a, b, c).

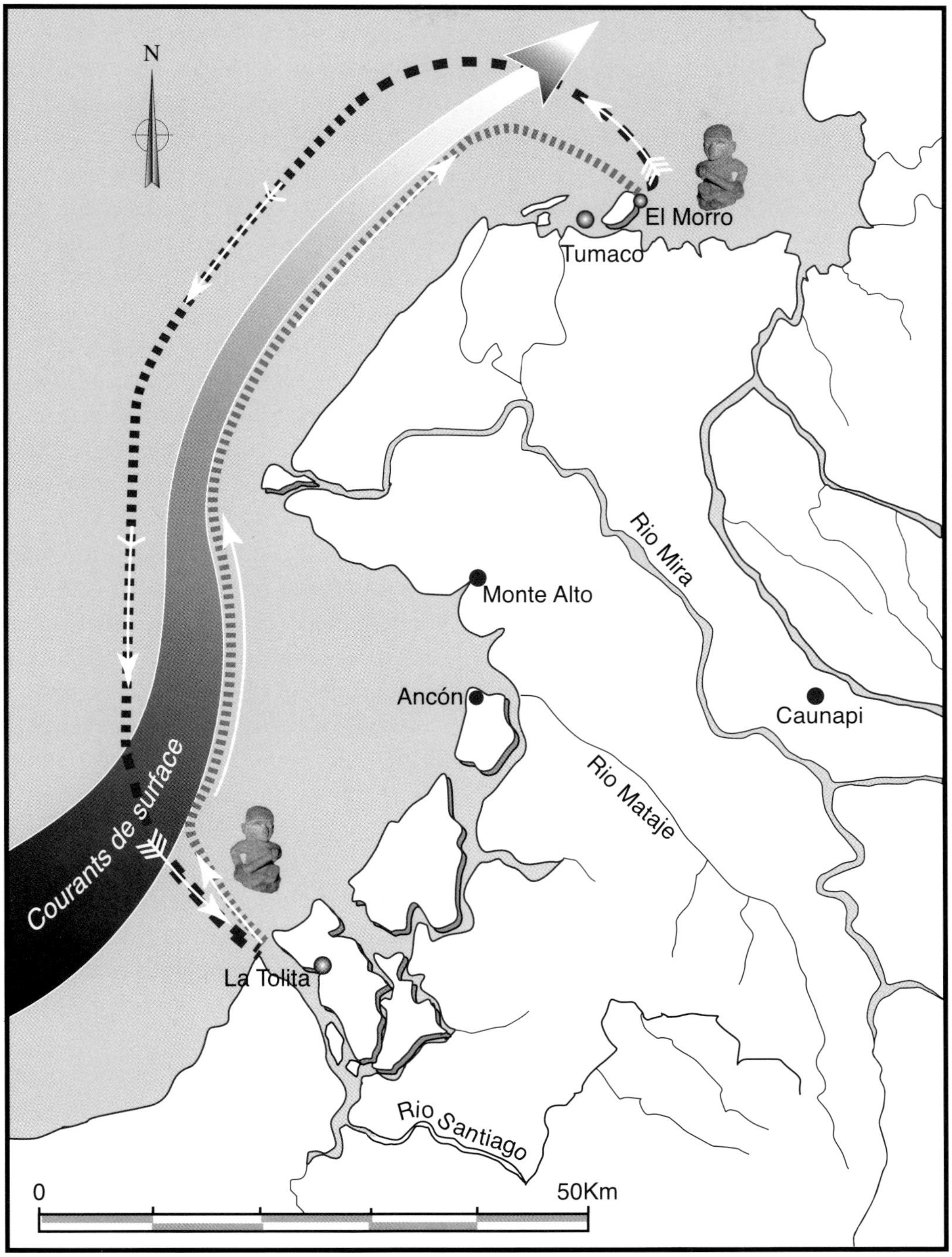

FIGURE 15 – Carte des possibilités de navigations entre Tumaco et La Tolita.

Ainsi résumée, cette navigation de cabotage entre les deux régions peut paraître simple, mais elle implique toutefois une longue pratique de la navigation qui ne peut être le fait que de marins très expérimentés, même si ces navigations se limitaient à des distances relativement courtes. Elle permet aussi de comprendre les emplacements préférentiels des établissements portuaires dans l'embouchure des fleuves à l'abri de la houle marine mais cependant assez proches de l'Océan (La Tolita Pampa de Oro, ou La Tolita de Los Ruanos).

Elle explique aussi le choix très rationnel de l'établissement d'un port de transit sur la côte bien protégée de l'île El Morro, à l'entrée de la rade de Tumaco, face au continent. Ce port permettait en effet de se trouver au plus près de la mer pour partir directement vers La Tolita dès que la marée descendait et, ensuite, de prendre la route du sud. Avant sa destruction, lors de l'aménagement du port moderne, ce site aurait atteint 1,5 km de long, ce qui témoigne de son importance à l'époque (Cubillos, 1955). Si l'on prend en considération le temps nécessaire pour traverser la baie depuis les fleuves qui y débouchent, le gain de temps ainsi réalisé paraît considérable et permettait alors de faire en temps opportun le premier segment du voyage nord/sud. En outre, il semble probable que ce port servait de relais pour atteindre la région de Guapi, au nord, dans l'hypothèse d'une navigation reproduisant celle décrite pour le trajet de Tumaco à La Tolita.

Les difficultés soulevées par ces conditions de navigation nord/sud nous font supposer qu'il fallait à cette époque des impératifs très forts pour prendre le risque d'établir cette relation entre les deux régions. Il nous semble clair que cette navigation de cabotage interdisait pratiquement un transport de charges lourdes, volumineuses ou périssables. L'étude globale de la région proche de La Tolita (en y incluant tout le cours moyen du rio Cayapas-Santiago) a montré que les groupes préhispaniques devaient disposer de ressources alimentaires assez nombreuses pour leur permettre une autosuffisance. En effet, pour cette même époque, des systèmes de culture sur billons (*camellones*) ont été retrouvés en grand nombre. Cela nous permet d'exclure l'hypothèse d'un trafic de produits alimentaires, peu compatible avec un transport maritime par pirogue.

Les raisons de ces échanges nord/sud doivent donc être trouvées ailleurs et tout laisse supposer qu'ils reposaient sur le transport de biens à la fois très valorisés et peu encombrants, comme cela semble avoir été le cas de l'or. Les études de composition métallique ont montré que cet or vient bien des alluvions aurifères du littoral, qui abondent dans le Nord de l'Équateur et dans le Sud de la Colombie.

Comme le prouve leur découverte dans des sépultures de La Tolita, les objets en or étaient déposés avec les corps des défunts les plus importants, soit comme offrandes, soit en tant qu'objets personnels qu'ils portaient de leur vivant. Cet usage implique qu'il fallait toujours obtenir plus de matière première pour alimenter les artisans orfèvres. Il nous semble donc vraisemblable que l'un des principaux motifs de l'expansion vers le nord, à partir de La Tolita, fut la recherche d'alluvions aurifères pour répondre à la demande incessante de matière première en vue de produire ces objets amenés à disparaître dans les sépultures.

Alors qu'à La Tolita d'innombrables sépultures ont livré une somme incalculable d'objets précieux, il est remarquable que dans tout le reste de la région, l'on constate une absence totale de sépultures contenant d'importantes offrandes. Cela laisse supposer qu'il n'y avait pas d'autres lieux funéraires préhispaniques sur le littoral nord-équatorial. Comme l'a explicitement suggéré F. Valdez, une partie des activités de La Tolita devait être centrée sur les rites funéraires et sur la fabrication d'objets liés à ces rites (Valdez, 1986). On peut suggérer que cette île constituait en fait l'unique nécropole de cette civilisation et que l'on y rassemblait les défunts les plus importants. Une telle hypothèse expliquerait aussi la pauvreté en orfèvrerie et l'absence de sépultures avec des vestiges précieux pour toute la région située au nord du Mataje, comme l'a confirmé notre propre expérience dans la région de Tumaco.

Cette fonction funéraire permet ainsi de présumer une puissante tradition exigeant de rassembler ces défunts dans un endroit unique, constituant leur terre d'origine culturelle, et qui impliquait donc de les rapatrier après leur mort à La Tolita. Ce grand centre funéraire structurait, sans doute, toute la région côtière allant de La Tolita à Tumaco et les territoires particuliers de l'intérieur, accessibles par les fleuves. Cette région s'étendait, peut-être, encore davantage, depuis Esmeraldas (au sud) jusqu'à Guapi (au nord) où furent aussi découverts récemment des vestiges de cette culture Tumaco La Tolita (Patiño Castaño, 1987).

Il faut pour cela porter attention à des vestiges bien particuliers dans le corpus des représentations anthropomorphes en céramique de La Tolita. Des « plaques » moulées en céramique qui représentent un homme ou une femme allongés sur le dos et immobilisés par des bandelettes ont souvent fait l'objet d'interprétations diverses (d'Harcourt, 1942; Lehmann, 1951; Sanchez Montañez, 1979). Selon celles-ci, elles représenteraient des individus soumis à des rites d'initiation ou encore des patients préparés pour une éventuelle opération chirurgicale. Toutefois ces interprétations négligent une hypothèse selon laquelle ces plaques correspondraient plutôt à des défunts. La position inerte de ces personnages étendus sur une civière nous évoque fortement des êtres sans vie, qui semblent préparés pour être transportés à La Tolita et inhumés selon la coutume du retour à la terre d'origine culturelle.

On comprendrait alors d'autant mieux l'usage de substances sans doute à la fois stimulantes et anxiolytiques par les marins chargés d'un tel transport : aux dangers propres à la navigation en mer s'ajoutait celui d'accompagner un défunt, autrefois puissant et peut-être considéré comme doté encore de forces supérieures. Les marins spécialisés dans cette tâche se voyaient ainsi confier la charge de deux biens figurant parmi les plus valorisés : l'or destiné à fabriquer les insignes de pouvoir et les offrandes funéraires, et les défunts puissants qu'il fallait ramener à la nécropole pour y accomplir les rites funéraires.

De telles hypothèses, qui demeurent certes difficiles à démontrer en l'absence de tout témoignage certain, permettent cependant de proposer une interprétation globale du développement dans ces régions d'une civilisation particulièrement soucieuse d'honorer, dans la vie comme dans la mort, ses chefs politiques ou religieux les plus considérés. L'objet de ce trafic maritime ne se limitait peut-être pas seulement à cette quête d'or et à cet impératif rituel d'ensevelir les puissants dans la nécropole de La Tolita, mais les évidences archéologiques disponibles invitent à penser que ces deux activités sous-tendaient fortement la société de l'époque. Il est probable que tout le temps que dura l'hégémonie de La Tolita, la fonction de nécropole de l'île contribua à unir la sphère d'influence culturelle autour des rituels funéraires.

Le déclin de l'hégémonie, qui paraît commencer vers 200 après J.-C., semble avoir toutefois laissé survivre le souvenir de la vieille nécropole. Il a déjà été signalé que, peu après l'arrivée des premiers Espagnols dans la région, le chroniqueur Cabello de Balboa rapportait qu'une garnison d'une centaine d'Indiens occupait l'île où l'on venait encore apporter des offrandes de poudre d'or et effectuer des prières. Malgré les nombreux siècles écoulés depuis l'époque de son apogée culturel, La Tolita restait un site sacré, toujours respecté et entretenu par les groupes indigènes contemporains de la conquête qui gardaient ainsi un lien avec leur lointaine origine.

Cette vénération toutefois ne tarda pas à prendre fin : dès le début du XVIIIe siècle, Juan de Santa Gertrudis faisait état des destructions naturelles des sépultures de l'île mises à profit pour y récupérer les précieuses offrandes funéraires. Déjà à cette époque, on ne négligeait pas de récupérer les vestiges archéologiques que le flot mettait au jour.

De la conquête à l'époque actuelle

Les régions de Tumaco et d'Esmeraldas du XVIe au XXIe siècle

Les cinq siècles suivant la conquête espagnole ont eu un immense impact tant sur la population indigène que sur l'environnement. Le monde amérindien perd la maîtrise de ses territoires et la population indigène disparaît ou dépérit. Les nouveaux arrivants et leurs descendants prennent en main les destinées du littoral nord équatorial avec des technologies nouvelles, souvent plus agressives pour l'environnement.

À la fin de la période préhispanique, les populations indigènes de ce littoral réussirent à échapper à la conquête des Incas qui envahirent la majeure partie de l'Équateur dans la seconde moitié du XVe siècle. Elles furent aussi épargnées par les premières tentatives de conquête des expéditions de Francisco Pizarro et de Diego de Almagro. Les deux conquistadors, lancés à la recherche de l'Empire inca, encore légendaire pour les Espagnols d'alors, longèrent ces côtes pendant leurs expéditions au départ de Panamá, entre 1524 et 1532. En guise de fortune, l'expédition de 1524 n'y trouva guère que famine et fièvres. Dans cette troupe d'aventuriers, certains périrent de faim et de maladie sans même avoir pris contact avec les populations indigènes. Les Espagnols réussirent quand même à rapporter quelques trésors, ce qui leur permit de convaincre les hommes d'affaires de Panamá de financer une seconde expédition en 1526. Après s'être enrichie d'un butin assez considérable, l'expédition se divisa et un bateau commandé par le pilote Bartolomé Ruiz poussa l'exploration le long de la côte équatoriale. La résistance des indigènes, plus forte que prévue, contraignit Pizarro à s'établir dans l'île d'El Gallo, à quelques milles nautiques du port actuel de Tumaco, dans le Sud de la Colombie, pendant qu'Almagro retournait à Panamá pour y recruter des troupes. Pendant de longs mois, les Espagnols restèrent retranchés, jusqu'à l'arrivée des renforts autorisant une autre campagne. Ensuite, Pizarro et les siens entreprirent d'explorer de nouveaux territoires, dans la région d'Esmeraldas, dans le Nord de l'Équateur. L'année 1528 fut employée à de nouvelles reconnaissances qui aboutirent enfin à la prise de contact avec l'Empire inca tant recherché.

Au cours de ces premières années, les conquistadors avaient acquis une certaine connaissance de ce littoral pacifique nord-équatorial. Mais toutes leurs expériences furent décourageantes : ils manquaient de nourriture, souffraient de la chaleur humide et de diverses maladies. Par ailleurs, quand ils touchaient terre, ils ne trouvaient que des forêts marécageuses, entrecoupées d'une multitude de cours d'eau et peuplées d'indigènes souvent belliqueux.

La pugnacité de ces Indiens leur valut d'ailleurs le nom d'*indios bravos* que leur donnèrent les conquistadors. Il y eut plusieurs rudes affrontements avec eux au cours desquels plusieurs Espagnols furent tués ou gravement blessés. La navigation dans le sens nord-sud était difficile, les marins espagnols inventèrent même une expression *engorgonarse* (littéralement : s'engorgoner) pour désigner le fait que dans les parages de l'île de La Gorgona les bateaux restaient sur place, pris dans un calme plat face au courant qui les freinait ou même les repoussait. L'absence fréquente de vents favorables, les hauts-fonds, les courants contraires et, même, les mollusques parasites qui perforaient les coques en bois des navires étaient autant d'obstacles à la découverte maritime. Par ailleurs, alors que les indigènes naviguaient avec aisance en pirogue aussi bien sur la mer que sur les cours d'eau littoraux et les canaux de marée, les Espagnols ne disposaient que de bateaux à fort tirant d'eau, très mal adaptés à la navigation près des côtes et dans les embouchures des fleuves. À terre, leur logistique était presque réduite à l'impuissance dans les forêts et les marécages : les fantassins et cavaliers armés d'acier, si redoutables en terrain découvert, perdaient beaucoup de leur efficacité dans l'impénétrable forêt équatoriale. Les conquistadors restèrent sur ces premières impressions sans chercher à s'implanter davantage dans cette région si peu engageante qu'elle resta ainsi à l'écart des entreprises majeures de colonisation. D'ailleurs, les étendues du Pérou, de l'Équateur et de la Colombie offraient aux conquérants des espaces plus faciles à pénétrer, où la terre ferme leur permettait une implantation plus durable.

Hormis l'escale forcée près de Tumaco en attente de renfort et une autre à Atacames, gros village côtier indigène au sud d'Esmeraldas qui les impressionna par son ampleur, les navigateurs et les conquistadors délaissèrent donc ce littoral qui leur paraissait trop hostile. Les régions de la côte nord-équatoriale du Pacifique restèrent dans un semi-isolement prolongé. S'il est donc vrai que presque cinq siècles se sont écoulés depuis l'arrivée des premiers Européens, l'impact réel de la conquête et ses conséquences modernes prirent une forme souvent bien différente de ce que connurent d'autres régions de l'Amérique andine. On peut en résumer les principaux moments en rappelant comment les régions de Tumaco et d'Esmeraldas virent apparaître peu à peu la domination occidentale, de la conquête aux temps actuels du début du XXIe siècle.

Les Espagnols de la période coloniale purent constater qu'il existait un très grand nombre de groupes indigènes sur ce littoral. Du nord au sud, une vingtaine de groupes occupaient des territoires pour la plupart répartis dans les principaux bassins des fleuves côtiers. On peut énumérer les groupes suivants :

- Dans le bassin du rio Naya : les Nayas et les Caxambres.
- Dans le bassin du rio San Juan de Micay : les Caxambres, les Piles et les Timbas.
- Dans les bassins des rios Guapi et Telembi : les Petres, les Boyas et les Chupas.
- Dans le bassin du rio Patía : les Chupas, les Boyas, les Puscajas et les Guapis.
- Dans la région de Tumaco et le bassin du rio Mira : les Sindaguas et, plus à l'intérieur, les Kwaiquers.
- Dans la région entre le rio Mataje jusqu'au nord du rio Santiago : les Malabas.
- Dans les bassins du Santiago et du Cayapas : les Cayapas.
- Dans la région entre le Santiago et le rio Verde : les Cerons, les Oncons et les Aucaes sur la côte et, plus à l'intérieur, les Lachas et les Yambas.
- Dans la région du rio Esmeraldas et plus au sud : les Niguas, les Campaces et les Colorados.

Tous ces groupes indigènes paraissent avoir été bien différenciés ethniquement et culturellement. S'ils commerçaient parfois entre eux, pour autant leurs relations n'étaient pas toujours pacifiques, sans doute parce que les compétitions pour le contrôle des territoires surgissaient avec fréquence, généralisant un état de belligérance intertribale.

La rareté des occupations espagnoles pérennes dans toute la région explique en bonne part le fait que l'on connaisse plutôt mal les détails de cette période de contact entre les indigènes et les Européens. En effet, c'est surtout là où les Espagnols évangélisaient, colonisaient et exploitaient durablement des territoires que l'on peut trouver des documents d'époque (archives paroissiales, enquêtes administratives) qui décrivent en détail ces populations indigènes. Mais, là où les conquérants ne s'établirent que très peu, faute de pouvoir s'installer sûrement, ces documents sont rarissimes et, dans le cas du littoral pacifique nord-équatorial, les lacunes sont énormes.

Malgré tout, l'on sait que tous les groupes indigènes eurent à souffrir indirectement des effets de la conquête européenne car, même si les Espagnols étaient peu présents sur ces territoires, ils y apportèrent des germes pathogènes et des maladies infectieuses qui décimèrent très vite les indigènes dont les organismes étaient totalement dépourvus d'immunités. Ces maladies venues d'Europe, telles la rougeole, la variole, la grippe, étaient inconnues auparavant dans le Nouveau Monde et elles se révélèrent mortelles pour les populations indiennes. Elles firent certainement plus de ravages que les armes des Espagnols. S'y ajoutèrent sans doute des maladies endémiques comme le paludisme et la fièvre jaune qui, elles, semblent avoir été apportées à la suite des pratiques esclavagistes des Espagnols. Dans ces basses terres chaudes et humides où elles prospéraient, toutes ces maladies eurent un effroyable pouvoir de destruction. Les Indiens mourraient en grand nombre quand ils en étaient atteints. La dépopulation qui s'ensuivit fut dramatique et vida une grande partie du littoral de ses forces vives indigènes. Il est très révélateur que, sur les nombreux groupes indigènes identifiés au XVIe siècle dans toutes les régions des Andes équatoriales, n'aient survécu, au XVIIe siècle, que quelques groupes, vivant principalement dans les hautes terres des Andes. En Colombie, sur cette côte, on ne connaît plus aujourd'hui que les Kwaiquers, surtout installés entre Tumaco et Pasto, aux limites du piémont de la Cordillère occidentale. Plus au nord, subsistent encore les petits groupes Emberas et Cholos. De nos jours, sur la côte nord de l'Équateur, survivent quelques centaines d'Indiens Chachis, descendants des Cayapas, ou Colorados. Plus au sud, il n'existe plus aucun groupe d'origine indigène sur tout le littoral équatorial. Pour cette région, les XVIe et XVIIe siècles sont l'histoire d'une mort à court et moyen terme des Indiens, victimes d'un agresseur sans visage qui dépeupla presque entièrement la côte où avaient fleuri les civilisations préhispaniques. Reconnus comme groupes ethniques et culturels aujourd'hui par les États actuels, ces très rares survivants demeurent dans un semi-isolement du monde moderne, ce qui les protège certes, mais au prix d'une profonde marginalisation socioculturelle et économique.

Bien que la plupart des groupes indigènes, si nombreux à l'époque de la conquête, aient disparu, le repeuplement par de nouvelles populations issues d'autres origines, quelquefois européennes mais surtout africaines, fut très relatif. Seuls les chercheurs d'or et d'aventures ou des missionnaires évangélisateurs se risquèrent à pénétrer les forêts côtières, mais ce furent surtout des travailleurs noirs africains, victimes de la traite d'esclaves, qui repeuplèrent progressivement la région.

Dès 1553, un premier petit groupe de Noirs d'origine africaine arriva sur la côte d'Esmeraldas. Ils parvinrent à s'enfuir du bateau qui les amenait de Panamá et qui avait subi une avarie près de la côte équatorienne. Ce petit groupe ne comptait que dix-sept hommes et six femmes. Après des affrontements sanglants avec les groupes indigènes, vers 1560, ils n'étaient plus que sept hommes et trois femmes, mais ils firent preuve d'une étonnante dynamique d'adaptation et de conquête. S'alliant à un groupe indien qui les tolérait mieux et déchaînant une grande violence et une terrible agressivité, ils parvinrent à s'imposer aux autres groupes indigènes et à s'ancrer dans la région (Alcina Franch, 1975). En 1600, la population noire et métisse d'Esmeraldas atteignait la cinquantaine et elle dépassait la centaine en 1620. Il exista même un « royaume afro-américain », dont un tableau d'Adrian Sanchez Gomez, peint en 1599 et intitulé *Los Mulatos de Esmeraldas,* représente les trois chefs mulâtres, portant des ornements en or de style indigène et un riche costume à la créole.

Les colons européens contribuèrent beaucoup à augmenter cette population afro-américaine en envoyant des esclaves noirs pour exploiter les alluvions aurifères et la forêt, là où eux-mêmes ne se risquaient pas à s'installer. Aussi, bon nombre d'esclaves noirs fugitifs trouvèrent asile dans ces terres littorales difficilement pénétrables où ils recouvraient la liberté. Après l'Indépendance, entre 1850 et 1920, la population afro-américaine des basses terres du Pacifique augmenta encore et elle est, de nos jours, le plus important groupe non indigène sur cette côte.

Plus que les Espagnols péninsulaires ou créoles, ces populations d'origine africaine surent au mieux s'adapter à ces basses terres chaudes et humides. De nos jours, elles prédominent numériquement, et de beaucoup, sur des populations d'origine occidentale, concentrées sur les pôles les plus riches, et sur des populations indiennes, très réduites et qui ont été souvent repoussées vers l'amont des cours d'eau, dans des territoires beaucoup moins propices à leur survie.

La région de Tumaco et la côte sud de la Colombie illustrent bien la manière dont une certaine forme de développement occidental a pu prendre place sur le littoral pacifique nord-équatorial après la conquête. On peut résumer les grandes étapes de cette période moderne telles qu'elles sont présentées dans l'étude de Calero (Calero, 1985) et les articles d'un ouvrage récent consacré à Tumaco (Agier, Alvarez, Hoffmann, Restrepo, 1999).

Au sud de la frontière colombo-équatorienne, la région d'Esmeraldas ne connut pas de véritable développement pendant les deux premiers siècles après la conquête. Outre de réelles difficultés, le port de Guayaquil joua un rôle puissant d'étouffoir du développement d'autres ports concurrents sur le littoral pacifique équatorial.

On se réfèrera pour cette seconde région aux diverses études d'Alcina Franch (Alcina Franch, 1976, 1979; Alcina Franch, de la Peña, 1979), à celle de Palop Martinez et Rodicio Garcia (Palop Martinez et Rodicio Garcia, 1988) ainsi qu'à la première partie de l'ouvrage de Zendron sur la population afro-américaine d'Esmeraldas (Zendron, 1997).

Tumaco et la côte sud de la Colombie

Après l'établissement temporaire de l'expédition de Pizarro près de Tumaco, sur l'île d'El Gallo, en 1526, toute la côte sud de la Colombie resta marginalisée par rapport aux nombreuses expéditions menées dans les hautes terres andines par les Espagnols. En effet, la conquête de ces basses terres et de leurs populations hostiles pouvait être délaissée sans mettre pour autant en péril la domination espagnole dans les autres régions des Andes.

Sur cette côte, l'implantation espagnole resta liée au développement des villes de l'intérieur. Ainsi, Buenaventura fut fondée en 1540, après la création de la ville de Cali en 1536, qui cherchait un port proche pour son commerce. Alors, entre ce port et la métropole de l'intérieur, les marchandises étaient d'abord transportées à dos d'homme sur une piste si étroite qu'elle ne permettait pas aux mules de passer. De Cali, les marchandises passaient ensuite à Popayán et à Pasto qui n'avaient pas établi la moindre communication directe avec la côte. Les véritables liaisons directes par voie terrestre entre Buenaventura et Cali n'apparaîtront que beaucoup plus tard au XVIIe et, surtout, au XIXe siècle.

La recherche d'or et la découverte de riches *placers* aurifères dans les alluvions du littoral entraînèrent aussi une forme de colonisation. En 1546, Juan de Andagoya se lança avec trente hommes à la recherche de trésors indigènes. À l'issue d'une première expédition au succès mitigé, il rapporta un butin de 1 000 pesos d'or de basse teneur et 175 pesos d'or fin. Après quelques autres tentatives, dont nous ignorons les détails, en 1584, Juan Galindez reçut la mission de pacifier les tribus indiennes de Barbacoas et, dix ans plus tard, Juan de la Costa fut à son tour chargé de cette pacification. Ces tentatives successives ne purent venir à bout de la résistance indigène, elles permirent néanmoins d'établir les premières exploitations d'or. Toutefois, la côte sud de la Colombie resta mal contrôlée. Entre les villes actuelles de Buenaventura et de Tumaco, diverses tentatives de créer des ports fluviaux proches de la mer, sur les rios Saija et Timbiqui, connurent un piètre succès. Et le port maritime de San Andrés de Tumaco ne fut fondé que bien plus tard.

En 1563, le Sud de la Colombie passa un temps aux mains de Quito quand la couronne d'Espagne intégra la *Gobernación* de Popayán à la *Audiencia* de Quito. La côte sud devint alors plus liée à Quito qu'à Bogotá.

Plus au sud, dans l'actuelle région frontalière, la situation fut analogue. En 1598-1599, une expédition d'Hernan Gonzalez de Saa, assisté d'un cacique indigène des hautes terres, Garcia Tulcanoza, se heurta sur la côte à la résistance du cacique local Nulpe. L'expédition, partie de la sierra, arriva toutefois à atteindre la côte dans la région de la baie d'Ancon de Sardinas, près de l'actuelle frontière colombo-équatorienne. Elle y établit un port pour ouvrir une jonction directe entre le littoral et Quito. Mais pendant toute la période coloniale, et même après, dans les premiers ports bien établis au sud, comme Guayaquil, nul n'avait intérêt à voir naître sur ce littoral nord-équatorial d'éventuelles concurrences qui auraient capté une part du trafic qui les enrichissait tant.

Pendant tout le XVIIe siècle, l'essentiel du trafic terrestre depuis la côte jusqu'à Cali dans l'intérieur transita par Quito, dans les hautes terres de la sierra, en raison des grandes difficultés de communication entre Buenaventura et Cali, pourtant si proches l'une de l'autre.

En 1717, la création par l'Espagne de la Vice-Royauté de Nouvelle-Grenade, dont la capitale était Bogotá, fit alors passer la *Gobernación* de Popayán sous cette juridiction. Il s'ensuivit une reprise du trafic terrestre entre Cali et Buenaventura, mais si la distance à parcourir était courte, le transport de marchandises fut difficile. Il était assuré successivement par trains de mules dans les hautes terres, relayés par porteurs pour passer la cordillère puis par pirogues sur les cours d'eau navigables jusqu'à la mer! La situation ne s'améliora guère au cours des siècles suivants. Ce n'est qu'en 1878 qu'une liaison ferroviaire fut lancée pour relier Cali à Buenaventura et seulement achevée en 1915. En 1946, la liaison routière Cali-Buenaventura est enfin achevée; elle avait été commencée en 1540 par Pascual de Andagoya! Il avait fallu plus de quatre siècles pour tracer une route enfin carrossable sur les 150 kilomètres séparant les deux villes!

Ailleurs, les transports sont restés pour longtemps très rudimentaires. Hormis la route de Tumaco à Pasto, il n'existe encore aucune liaison carrossable pour le transport entre la côte et la sierra pour le littoral de Buenaventura à Tumaco. Le département du Cauca n'a toujours pas de route entre Popayán, sa capitale dans les hautes terres, et son littoral... Et il n'existe aucune route côtière sur tout ce littoral pacifique colombien. On s'employa donc à développer surtout un trafic aquatique, par mer et sur les cours d'eau navigables, et ces liaisons furent souvent les seules possibles.

Pour mieux développer le commerce par voie fluviale et faciliter l'exploitation aurifère, en 1610, fut créé un poste militaire temporaire sur la partie supérieure du rio Telembi et, vers 1615, il fut déplacé en aval, à la limite de l'influence des marées sur ce fleuve. Ce second établissement s'appela d'abord Santa Maria del Puerto et il devint l'actuelle Barbacoas. En 1634, la ville comptait déjà quarante résidents espagnols. L'année précédente, 1633, un Espagnol venu de Panamá, Pedro Mendez, marqua un tournant majeur : il fit venir de Panamá vingt esclaves d'origine africaine pour travailler dans ses exploitations d'or alluvial. Il fut suivi par Cristobal de Aguilar qui en installa cent cinquante à son tour. Ainsi fut amorcée une profonde modification démographique : alors que les populations indigènes allaient progressivement s'éteindre, la population afro-américaine prenait une part de plus en plus grande dans le peuplement de ce littoral.

Aux débuts du XVIIe siècle, on évaluait la population indigène à près de six mille personnes, bien que, vers 1640, les pères jésuites Francisco Rugi et Juan de Henebra n'en aient compté, eux, que mille neuf cents. En 1630, la population afro-américaine était, elle, estimée à environ mille personnes.

Sur la côte même, en 1631, fut fondée Santa Barbara de la Isla del Gallo (sans doute la Salahonda d'aujourd'hui). Vers 1640, on fonda la ville de San Andrés de Tumaco, pour mieux profiter de la protection du site portuaire naturel de l'île d'El Morro, à l'abri de la houle de l'Océan.

En 1615, une première création d'*encomienda* sur la côte avait attribué à Juan Bayena Godoy les basses terres entre le rio Mira au sud et le rio Telembi au nord. Cette *encomienda* comprenait trente Indiens Paises, trente Tangalaes et Alambies, vingt Chailas, cinquante Nulpes, soit cent trente indigènes d'ethnies diverses de la côte proche de Tumaco. En 1624, la même *encomienda* ne comprenait plus que cinquante tributaires et, en 1658, Francisco de Godoy ne déclara que quarante tributaires. En 1691, pour vingt *encomiendas* de la côte sud, on ne comptait au total que trois cent quatre-vingt-sept tributaires déclarés. Calero estime qu'à la fin du XVIIe siècle, la population indienne de la côte avoisinait les mille individus : en moins de deux siècles, le déclin démographique de la population amérindienne était presque achevé.

Jusqu'à la fin du XIXe siècle, entre la conquête et l'Indépendance, San Andrés de Tumaco ne fut rien d'autre qu'une île jouxtant le continent et abritant un petit port naturel. Celui-ci vivait dans l'ombre des deux pôles formés par Iscuandé et Barbacoas, deux villes de l'intérieur de la plaine alluviale dont l'essentiel de l'économie était orienté vers l'exploitation de gisements aurifères.

La première époque faste de Tumaco commence vers 1880 et dure jusqu'aux années 1940-1950. À cette époque, l'économie locale connaît un fort dynamisme qui repose en bonne part sur l'exploitation de la *tagua*, noix d'un palmier, très dure et blanche, aussi connue sous le nom d'ivoire végétal (ou *corozo*), car c'est un substitut de l'ivoire animal qui permet de réaliser des objets taillés. La *tagua* est aujourd'hui presque oubliée et ne sert plus guère qu'à l'artisanat local, mais elle connut son heure de gloire, en particulier comme matière première excellente pour fabriquer à bas coût des boutons et autres petits accessoires, avant l'invention de la matière plastique. Elle s'exportait alors en telles quantités qu'elle fit la fortune de Tumaco. Récemment, il semblerait que l'exportation de *tagua* ait repris, en particulier vers le Japon, mais nous en ignorons l'importance. On introduisit aussi alors plusieurs plantes alimentaires, comme le riz et le cacao, qui trouvaient là des terres propices à leur culture.

Parallèlement, au cours de cette période, les villes, autrefois prospères, d'Iscuandé et de Barbacoas entrent en récession et perdent une partie de leurs habitants qui s'installent à Tumaco. Il se produit alors un fort accroissement démographique dû à l'arrivée de nombreux commerçants venus de Barbacoas et Iscuandé, mais aussi d'autres régions de Colombie et de divers pays d'Europe. Divers facteurs contribuent encore à l'essor économique, parmi lesquels le plus remarquable est la mise en service du canal de Panamá qui va permettre aux bateaux d'Europe et du Sud-Est des États-Unis de desservir plus facilement le littoral pacifique de l'Amérique du Sud. Tumaco, qui bénéficie d'un emplacement favorable pour un port d'eau profonde, reçoit ainsi un trafic maritime international plus important, attirant très vite une nouvelle population d'immigrants. Ceux-ci donnent naissance à une élite blanche très prospère qui côtoie une population beaucoup plus pauvre, essentiellement composée d'Afro-Américains. Quant aux indigènes d'origine amérindienne, ils ne constituent plus qu'une part négligeable de la population par rapport à ces nouveaux occupants du littoral. Les années 1920-1930 marquent l'apogée de cette période de prospérité, qui dure presque jusqu'à la moitié du siècle et qui prendra fin après l'abandon de l'ivoire végétal. C'est de cette époque que date le surnom donné à Tumaco, « perle du Pacifique », qui évoque la splendeur de la ville, à l'architecture de bois, aux maisons souvent luxueuses et ornées d'un mobilier importé par les bateaux occidentaux. Signe du manque d'intégration de Tumaco au pays, presque toutes les monnaies étrangères fortes ont cours sur place, parfois de préférence au *peso* colombien. Une date tragique qui marque vraiment la fin de cette période prospère est celle de l'année 1947. Un immense incendie ravage alors plus de 80 % de la ville, détruisant en quelques heures sa splendeur et la richesse de ses habitants, dont beaucoup quittent alors définitivement l'île et la région.

Un nouveau cycle de développement commence après 1947, qui se fonde lui aussi sur l'exploitation de la forêt : le caoutchouc naturel, encore irremplaçable, et surtout le bois qui est exploité sous diverses formes. Les forêts abondent en bois « exotiques » de très haute qualité pour l'ébénisterie, mais aussi en arbres donnant des bois moins nobles, utilisés pour la construction ou l'ameublement. Puis on assiste à la création à Tumaco de scieries et d'usines de transformation du bois (moulures, contreplaqué), apportant une activité industrielle à la ville moderne qui « rebondit » ainsi et renaît de ses cendres. À tout cela s'ajoute l'exploitation quasi industrielle du tanin extrait des écorces des arbres et la fabrication traditionnelle de charbon de bois, le principal combustible domestique d'alors. Toute cette industrie est financée par des capitaux le plus souvent étrangers à la région, provenant du Valle (Cali) et du Cundinamarca (Bogotá) ou même extérieurs à la Colombie. Une fois les bénéfices réalisés au plus vite, beaucoup des investisseurs retirent leurs capitaux, après avoir mené une politique prédatrice qui a peu pris en compte l'épuisement des forêts abattues. En effet, dans cette exploitation sauvage et à court terme, les forestiers ne plantent pas d'arbres pour remplacer les coupes claires qui détruisent les meilleures parties d'une forêt, qui est loin d'être inépuisable. Les ressources exploitables s'amenuisent vite, les cours du bois colombien ne sont plus compétitifs surtout sur les marchés d'exportation et, bien sûr, acheteurs et investisseurs s'éloignent de cette économie en faillite. À partir du milieu des années 1970, l'industrie du bois périclite à Tumaco. Vers 1978, la crise culmine avec la fermeture de l'une des dernières usines implantées à Tumaco, au terme de sérieux conflits socio-économiques. Par ailleurs, la construction d'un terminal pétrolier pour l'oléoduc acheminant le pétrole du Putumayo à la côte pacifique ne donne pas lieu à la relève économique espérée. En effet, contrairement aux espoirs locaux, le brut n'est pas raffiné sur place, mais exporté directement par des pétroliers, sans profit pour la population locale et sans offrir d'emplois à la population de Tumaco. On peut estimer alors cette population autour de quarante mille habitants, incluant les plus proches villages ruraux. À cette époque, le manque d'emploi sur place est réel et les structures les plus élémentaires sont très défaillantes. Les conditions d'hygiène et de santé sont précaires, les services publics d'eau et d'électricité sont assurés épisodiquement, la route qui relie la côte à l'intérieur n'est, dans sa plus grande partie, qu'une piste mal entretenue et souvent coupée, les liaisons aériennes et même maritimes ne sont pas toujours très fiables. Dans le reste du pays, la région de Tumaco est souvent perçue comme un enfer ou comme un ghetto. Cet « Ouest lointain » est mal aimé; il semble voué à une marginalisation et à une paupérisation inéluctables, et seuls quelques privilégiés s'enrichissent de commerces pas toujours très limpides. Sans être une plaque tournante de la grande contrebande, comme il en existe alors par exemple dans le Nord de la Colombie, la proximité de l'Équateur favorise une contrebande locale, si fréquente dans les zones frontalières. C'est bien souvent une économie en marge de l'économie nationale qui permet à ces habitants de survivre, bien que l'on commence aussi à élaborer des plans de développement et d'intégration à l'économie nationale.

Cette seconde période prend fin, elle aussi, avec un tragique événement. En 1979, a lieu un grand tremblement de terre dont l'épicentre est situé près de Tumaco. La ville moderne n'est pas épargnée par cette catastrophe : divers édifices sont ébranlés ou détruits par le séisme et surtout plusieurs villages côtiers sont littéralement rasés par le puissant raz de marée *(tsunami)* qui lui fait suite. Mais les années 1980 marqueront le départ d'une nouvelle époque, qui doit, on l'espère, être déterminante pour Tumaco.

L'une des conséquences inattendues de cette catastrophe naturelle fut, paradoxalement, l'arrivée d'une nouvelle population, auparavant rurale, qui s'installa sur les trois petites îles formant la ville de Tumaco (Tumaco, La Viciosa, El Morro). On voit alors se multiplier sur des secteurs auparavant délaissés ou même interdits de construction, plusieurs quartiers d'invasion, sans planification (localement : *barrios de invasión*). Squattant des terrains souvent insalubres ou dangereux, ils se composent d'habitations sur pilotis qui envahissent le bord de mer (photos 42-43). Ainsi, le *barrio* La Playa voit-il environ vingt mille personnes coloniser tout le front de mer de l'île de Tumaco, face à l'océan Pacifique. Là, plusieurs rangées de maisons de bois sur pilotis sont directement exposées aux dangers d'un éventuel *tsunami* (photo 44).

Cependant, loin de n'être qu'un facteur négatif, cette arrivée de population nouvelle crée une dynamique : entre 1980 et la fin du XXe siècle, les structures urbaines, si déficientes auparavant s'améliorent. L'alimentation en eau et en électricité se régularise. Les rues de la ville sont pavées de blocs de ciment, les constructions « en dur » se multiplient, la route qui mène à Pasto est asphaltée... On voit que cette ville moderne se dote enfin, mais peu à peu, des moyens de développement qui semblent indispensables pour gérer toute une population qui dépasse sans doute les cent mille habitants et déborde maintenant le strict cadre insulaire d'antan. Non seulement l'île principale est à présent saturée d'habitations, mais aussi l'île d'El Morro, naguère presque inhabitée. La périphérie de Tumaco, débordant sur le continent, voit arriver en masse des populations rurales migrant vers un univers urbain, sinon urbanisé.

L'économie locale s'est aussi transformée dans les vingt dernières années : l'exploitation forestière qui prédominait a fait place à une autre approche de l'économie agricole. En particulier, les

Photo 42.

Photo 43.

Photos 42 et 43 – Le *barrio Esporcol* Tumaco, El Morro (Colombie).
Ce quartier palafitte est une création spontanée par des squatters sur des terrains inoccupés. Depuis 1980, Tumaco a vu ces « invasions » se multiplier dans les secteurs les plus exposés aux dangers naturels.

PHOTO 44 – Vue aérienne de l'île de Tumaco (Colombie).
Au premier plan, la plage face à l'océan est envahie de maisons sur pilotis édifiées sur le front de mer après 1979 (*barrio la Playa*). Dans ce seul secteur, on estime qu'environ 20 000 personnes occupent ces zones à hauts risques sur la frange côtière menacée par l'Océan.

plantations de palme africaine, destinées à la production d'oléagineux, ont connu une véritable explosion. En 1975, elles n'atteignaient pas 1 000 hectares, en 1999, elles dépassent les 30 000 hectares; elles sont établies surtout le long des cinquante premiers kilomètres de la route Tumaco-Pasto et de part et d'autre du cours actuel du Mira.

En outre, de nombreux essais d'aquaculture ont créé des bassins d'élevage de crevettes dans la plaine proche de Tumaco, là où se font encore sentir les marées remontant les cours d'eau. On estimait, en 1988, les surfaces de tels bassins à 5 683 hectares. Mais, là, l'expérience a tourné court et semble économiquement bien peu satisfaisante. La production n'atteint pas la rentabilité escomptée et l'on peut douter du succès de telles entreprises, qui semblaient devoir apporter une véritable manne économique et qui, dit-on, attirèrent des capitaux d'origine douteuse. Comme en Équateur, les crevettes d'élevage sont en effet souvent victimes d'une épizootie, la *mancha blanca* (tache blanche), qui décime les populations de crustacés avant qu'ils n'atteignent la taille d'adulte commercialisable. Dans les deux cas, on soulignera que le milieu naturel où se sont établis ces plantations et ces bassins a été très atteint. À l'aide de puissantes machines, les exploitants de ces nouvelles activités ont déboisé la forêt et les mangroves, aplani les reliefs, construit des digues de retenue, puis ils ont inondé les sols mis à nu ou ont introduit une végétation non native. Les investisseurs qui sont à l'origine de ces nouvelles activités sont le plus souvent extérieurs au Nariño et viennent surtout du Valle et du Cundinamarca, et parfois de l'étranger.

La pêche a aussi été très largement modifiée : s'il subsiste encore une importante activité de pêche artisanale, pratiquée traditionnellement en pirogue, on voit à présent des chalutiers qui exercent une pêche plus industrialisée, à laquelle s'ajoute la pêche de quelques unités sous pavillon étranger. De plus en plus, les produits de cette pêche sont exportés à l'intérieur du pays, voire à l'étranger. On signalera aussi l'apparition, encore limitée, d'une activité de fabrication de farine de poisson, surtout destinée à l'alimentation des élevages avicoles dans le reste du pays. Cette pêche reste encore peu développée, mais elle se fonde sur des pratiques de pêche industrielle. Jusqu'à présent, celle-ci reste assez restreinte et ne semble pas épuiser un potentiel qui n'est pas illimité et devra donc être ménagé.

Quelques tentatives de conserveries utilisent des produits locaux, comme le cœur de palmier, le fruit du palmier *chontaduro*, ou pratiquent la congélation de produits de la mer (crevettes, chair de crabe ou poisson).

Enfin, bien qu'elle soit encore embryonnaire, l'industrie touristique a fait son apparition. Encore quasi inexistante il y a vingt ans, la vocation touristique s'est affirmée grâce à la présence de l'Océan : Boca Grande et l'île d'El Morro comptent aujourd'hui de petits hôtels à bungalows où viennent régulièrement des touristes surtout depuis Pasto et Cali, grâce à l'amélioration de la route à présent asphaltée et, aussi, à l'établissement de meilleures liaisons aériennes vers Tumaco depuis Cali et même Bogotá. Dans le même temps, cette ouverture s'est traduite par la découverte à Tumaco de laboratoires de cocaïne et l'entrée de la région dans un monde de violence qui lui était jusqu'alors étranger.

Il ne nous appartient pas de nous prononcer sur cette nouvelle période qui semble s'ouvrir au début du XXIe siècle pour Tumaco et sa région. Quoi qu'il en soit, les données ont bien changé au cours des deux dernières décennies. Tumaco, l'ancienne « perle du Pacifique », qui ne fut longtemps qu'un bourg hypertrophié, est à présent une « vraie ville » avec d'autres problèmes, d'autres besoins, d'autres objectifs. Ses alentours ne sont plus seulement la mangrove, la forêt et quelques pâturages : ils sont occupés et exploités dans une optique qui dépasse la seule région : presque tout ce qui y est produit est destiné à une consommation extérieure et quitte donc la côte. En contrepartie, grâce aux liaisons plus fiables, arrivent des produits des hautes terres naguère introuvables sur place. À l'économie de subsistance locale a succédé une économie de marché, ouverte sur le reste du pays, voire sur l'étranger. On ne peut que souhaiter que les habitants actuels et futurs en tirent un bénéfice et voient leurs conditions de vie s'améliorer vraiment.

Néanmoins, notre rôle est peut-être aussi de dire qu'il faut quand même considérer que ces nouvelles données ne sont pas, et de loin, toutes positives. Tumaco est aujourd'hui une ville surpeuplée dont une grande part des habitants reste exposée directement à un péril de catastrophe bien réel. La fréquence des tremblements de terre suivis de raz de marée fait peser une lourde menace sur des milliers de personnes, aujourd'hui établies sur un rivage océanique mal protégé et impropre à l'habitat. On ne peut que craindre la répétition d'un séisme et d'un *tsunami* comme ceux de 1979. S'il arrivait qu'un pareil événement se reproduise, et encore plus à marée haute, quand la mer pénètre déjà les nouveaux quartiers de palafittes du front de mer, les victimes humaines se compteraient sans doute par milliers. À Tumaco, une certaine peur se mêle au désir d'habiter, malgré tout, près du cœur de la ville moderne.

On doit aussi mentionner un récent essai de transplanter une partie des habitations, qui squattaient le bord de mer à Tumaco, vers la plaine littorale, à quelques kilomètres de l'île. Il existe même le projet d'un « Grand Tumaco » moderne, construit sur des terres assainies près du littoral, mais sur la partie continentale et non plus sur les îles actuelles. Pour l'instant, une réalisation de ce genre, la « Citadelle », comme on a appelé ce programme, auquel a coopéré la Communauté économique européenne, a déjà permis de reloger plusieurs centaines de familles sur des terrains de l'intérieur mieux protégés. Pour autant, le front de mer ne s'est guère amélioré. La tentative de délocalisation que représente la Citadelle est loin d'avoir éliminé le péril que courent encore des milliers d'occupants du rivage de Tumaco. Cette politique se heurte à bien des difficultés et tous ces efforts préventifs sont parfois mal perçus par les intéressés eux-mêmes.

Les interventions à grande échelle sur le milieu naturel environnant, qui se sont multipliées ces dernières décennies, n'ont sans doute pas été mesurées dans toutes leurs conséquences (photo 45). Ainsi, les bassins d'aquaculture sont pour beaucoup improductifs et sont une destruction « gratuite » d'un écosystème précieux et presque impossible à recréer même si on tentait à présent de les supprimer. Si l'on regarde le pays voisin, en Équateur, dans la seule province de Manabi, plus de la moitié des 70 000 hectares de bassins d'aquaculture récemment créés sont aujourd'hui asséchés et totalement improductifs. La végétation ne reviendra pas d'elle-même sur ces espaces qu'elle a perdus et qu'il faudrait reboiser si l'aquaculture est impossible ou non rentable (photos 46-47-48).

Et qu'adviendrait-il des dizaines de milliers d'hectares plantés en palme africaine si leur culture perd sa haute rentabilité actuelle? Cette monoculture intensive épuise vite les sols des exploitations dont on a totalement remanié les reliefs naturels. On peut se demander quelle serait l'évolution de ces terres si elles devaient retourner à la friche, sans l'entretien qu'impose la culture actuelle?

Les plans modernes de développement ont-ils des réponses à toutes ces questions qu'il n'est sans doute pas vain de poser quand on pense à l'avenir proche ou lointain de cette région?

PHOTO 45 – Destruction moderne d'un monticule archéologique (Colombie).
Près de Tumaco, une *tola* préhispanique sert de carrière d'extraction de terre pour une fabrique artisanale de briques destinées à la construction moderne.

PHOTO 46.

PHOTO 47.

PHOTOS 46 et 47 – Destruction de l'environnement naturel proche de Tumaco (Colombie).
Depuis plusieurs années, la plaine proche de Tumaco est dévastée par le creusement de bassins d'aquaculture pour l'élevage industriel de crevettes. De vastes étendues de mangrove ou de forêt sont rasées puis ceinturées de digues pour constituer ces bassins remplis par l'eau des cours d'eau proches.

PHOTO 48 – Déforestation près de Tumaco (Colombie).
La croissance urbaine dépasse les limites étroites de l'île de Tumaco. À l'extrémité de la plaine alluviale, les espaces les plus proches de l'île sont aménagés pour construire des habitations le long de la route d'accès à Tumaco.

Esmeraldas et la côte nord de l'Équateur

Pour l'histoire moderne, la côte nord de la province d'Esmeraldas offre presque une image en miroir de la région de la côte sud de la Colombie. On en évoquera ici, mais plus brièvement, ses grandes lignes.

Pour la période qui suit la conquête, en ce qui concerne l'installation des Espagnols dans cette région, l'étude de référence demeure celle d'Alcina Franch et de La Peña qui énumèrent, surtout pour la côte de la province d'Esmeraldas, les innombrables déboires des expéditions qui tentèrent de prendre pied dans cette région (Alcina Franch, de La Peña, 1976). On ne répètera pas ici les détails de cette étude magistrale sur la « pénétration espagnole » (ou plutôt sur les échecs de cette pénétration) au cours des deux siècles qui suivirent la conquête. La situation à la fin du XVIIIe siècle montre assez clairement leur peu de réussite. Les tentatives d'ouvrir une voie directe entre le littoral nord-équatorial et la sierra, et d'établir des bases portuaires tenues par des Européens se heurtèrent toujours aux dures réalités d'un milieu très hostile. Dans toute l'histoire de la conquête de l'Amérique andine, peu de tentatives, militaires, commerciales ou évangélisatrices, ont laissé un solde aussi élevé d'aventuriers décimés par les maladies, les accidents et la résistance armée des indigènes, pour un résultat si peu convaincant au regard des maigres succès obtenus. D'une part, ces études soulignent les très grandes difficultés que les premiers

Espagnols arrivés sur la côte eurent à subir, ne serait-ce que pour survivre au cours de leurs incursions dans ces territoires côtiers. Pendant longtemps, celles-ci ne purent aboutir à de véritables établissements ou à une quelconque « pacification » de ces *indios bravos*. Peu après la conquête, on voit aussi s'installer, près d'Esmeraldas, quelques esclaves fugitifs d'origine africaine. Ailleurs, ce sont des esclaves africains qui sont amenés de force pour exploiter les *placers* aurifères. Cette population afro-américaine sut parfaitement s'adapter à des conditions géoclimatiques sans doute assez proches des régions d'Afrique équatoriale (photo 49).

Selon Maldonado, au XVIIIe siècle, la côte nord d'Esmeraldas demeurait encore dans l'abandon. À La Tola, vers 1738-1740, on ne comptait que cent vingt indigènes, soixante mulâtres et soixante Afro-Américains. San Mateo de las Esmeraldas (aujourd'hui la ville moderne d'Esmeraldas) n'était alors qu'un port misérable dont la population, composée dans sa totalité d'indigènes Chachis ou d'Afro-Américains, n'excédait pas quatre cent cinquante individus. Atacames, qui avait été un établissement indigène majeur à l'époque de la conquête, ne comptait plus que deux cents habitants : cinquante Espagnols, cinquante « métis », cinquante indigènes et cinquante « mulâtres ».

Tous les villages de l'intérieur étaient alors peuplés de petits groupes indiens, dont on ignore toutefois le nombre, sans que se soient établis de réels peuplements, espagnol ou afro-américain (photo 50). Mais à la fin du XVIIIe siècle, on mit en exploitation plusieurs sites d'extraction d'or (Cachavi, Playa de Oro, Guimbi) en utilisant de nombreux esclaves noirs qui vinrent augmenter fortement la population afro-américaine installée au cours des siècles précédents. En 1802, se créa le port de Limones-Valdez, dans l'embouchure du rio Santiago, plus accessible aux navires que La Tola, dans la partie inférieure de l'estuaire, encombrée de bancs de sables. À partir de ce port, put être exploitée la partie inférieure du rio Santiago-Cayapas, le principal bassin fluvial entre ceux du rio Esmeraldas et du rio Mira. Pour l'anecdote, on citera aussi les efforts d'Onffroy de Thoron, un Français, explorateur savant et aventurier pittoresque, qui imagina au XIXe siècle de créer dans la baie d'Ancon de Sardinas, entre Tumaco et La Tolita, un grand port qui serait le débouché d'une liaison directe avec la sierra du Nord de l'Équateur. La liaison ferroviaire Ibarra-San Lorenzo, assurée, jusqu'à ces dernières années par un *ferrobus* antique, était l'unique concrétisation de ce projet, visionnaire ou utopique, selon les points de vue, de relier la côte et la sierra.

Seul le port d'Esmeraldas en Équateur a eu une destinée un peu plus favorable. En 1852, l'Assemblée nationale de l'Équateur confirma que la région d'Esmeraldas relevait bien du district de Quito, la capitale du pays. Elle fit déplacer San Mateo d'Esmeraldas sur la berge du rio Esmeraldas à l'emplacement du site de Boca Grande où allaient se développer la ville et le port modernes.

Au début du XIXe siècle l'économie de la région connut un grand développement avec l'exploitation de la noix de *tagua* et la création de plantations de cacao. La ville d'Esmeraldas comptait alors environ deux mille cinq cents habitants. Vers 1912, année de la mort du célèbre homme politique libéral Eloy Alfaro, l'économie de la *tagua* (ou *corozo*) déclina et ce déclin éroda cette prospérité. On associe parfois son effondrement à celui de l'ancien Empire austro-hongrois dont les armées équipaient leurs uniformes en boutons de *corozo*! Mais c'est sans doute, un peu plus tard, l'apparition des premières matières plastiques qui lui porta le coup fatal, de même qu'à Tumaco.

Entre 1913-1916, la province d'Esmeraldas fut ravagée par la guerre des Mille Jours, comme on appelle souvent la rébellion du colonel Concha Torres, partisan de Eloy Alfaro et de ses

PHOTO 49 – Maison sur pilotis, La Tolita del Pailón (Équateur).

PHOTO 50 – Maison sur pilotis, rive du fleuve Santiago (Équateur).

réformes libérales, opposé aux forces du président Plaza, soutenu par l'oligarchie conservatrice du pays. La défaite de Concha Torres fut sans doute un facteur supplémentaire de marginalisation, mais l'engagement d'Esmeraldas du côté des réformes libérales demeura un fait quasi permanent. On explique parfois, même de nos jours, le manque d'enthousiasme des investisseurs industriels pour cette province d'Esmeraldas par l'existence d'une plus forte conscience syndicaliste que dans le reste du pays!

De 1920 à 1950, Esmeraldas se développa à nouveau grâce à l'introduction de plantations de bananiers, dont l'Équateur reste, encore aujourd'hui, un très gros producteur. S'y ajouta l'exportation de caoutchouc naturel et de bois de balsa *(Ochroma sp.)*. Cette nouvelle économie agro-forestière apporta à Esmeraldas un puissant développement : en 1950, Esmeraldas comptait environ treize mille habitants et cela dura jusqu'en 1953, année du record d'exportation de bananes pour la région. Cette prospérité prit fin avec la récession des exportations qui suivit. Peu après, en 1958, vint s'ajouter un fort tremblement de terre qui détruisit la majeure partie de la ville. L'économie de la région a toutefois pu profiter de la création, en 1968, d'une raffinerie à Puerto Balao, près d'Esmeraldas. Depuis les années 1970, la côte proche d'Esmeraldas a aussi connu un fort développement du tourisme balnéaire sur un littoral très prisé des *Quiteños* qui ont fait leur destination favorite des belles plages qui s'étendent de part et d'autre d'Esmeraldas. C'est souvent au prix d'un bétonnage résidentiel anarchique sur les plus beaux sites naturels...

En outre, les grandes sécheresses qui ont affecté pendant des années la province voisine de Manabi, plus au sud, sont la cause d'un fort exode de populations de cette province. Celles-ci se sont dirigées en bonne partie vers la province d'Esmeraldas, entraînant une colonisation des espaces naturels autrefois couverts de forêts et aujourd'hui mis en culture. Ailleurs, sur la partie la plus littorale, les bassins d'aquaculture, autrefois limités aux provinces du Guayas et de Manabi, se sont aussi répandus sur tout le littoral d'Esmeraldas. Mais, comme on l'a dit plus haut, après quelques années de production, ces *camaroneras* (élevages de crevettes) ont périclité : elles constituent un échec majeur, même du seul point de vue économique.

Là encore, les effets à long terme de cette anthropisation des milieux naturels ne sont pas toujours maîtrisés : on voit partout de vastes espaces déboisés dans des régions souvent menacées par une forte érosion et l'on ne compte plus les bassins d'aquaculture asséchés, où la végétation ne peut plus repousser sur des sols saturés de sel.

Par ailleurs, si la ville d'Esmeraldas n'est pas exposée aux dangers directs de l'Océan comme l'est celle de Tumaco, on est frappé au début du XXIe siècle de découvrir une ville qui s'est démesurément agrandie au cours des vingt dernières années et dont la population dépasse certainement les deux cents mille habitants. Parmi eux, beaucoup ne sont venus à la ville que dans l'espoir, si souvent déçu, d'y trouver l'emploi que les campagnes ne peuvent leur apporter. Malgré la croissance et certains aspects modernes, Esmeraldas et sa province restent économiquement faibles et demeurent un problème majeur du développement du pays.

Ces quatre siècles pendant lesquels la côte nord-équatoriale a perdu presque toute sa population d'origine amérindienne sont en soi un plaidoyer pour la revalorisation d'un passé aujourd'hui totalement coupé du monde moderne. La population ancienne, mais aussi le milieu où elle vivait et les vestiges qu'elle a laissés s'effacent peu à peu, presque inéluctablement. L'archéologue, qui a vu de nombreux sites détruits par les travaux modernes de « mise en valeur », peut aussi déplorer que rien n'ait été fait à ces occasions pour sauver les vestiges du passé préhispanique de la région. Déjà plusieurs sites à monticules artificiels et des hectares de champs agricoles drainés n'ont pas eu la moindre chance face aux bulldozers qui les ont détruits.

On les a rasés sans les signaler, ni même les voir, parfois, alors qu'une étude de sauvetage, comme on peut en faire à l'occasion de grands travaux, aurait au moins permis un enregistrement des vestiges qui allaient disparaître sous les pelles mécaniques.

Et le géographe peut aussi dire que la destruction sans discernement des milieux naturels peut être lourde de conséquences quand les effets n'en ont pas été suffisamment étudiés. En tentant de communiquer les connaissances acquises par l'étude de cette région, nous espérons qu'elles permettent de mieux bâtir l'avenir de ces contrées et de ces populations.

Comme on peut le voir, malgré des situations politiques différentes, les régions de Tumaco et d'Esmeraldas ont suivi des parcours très similaires : après des siècles de marginalisation, ces régions explosent, surtout démographiquement. Elles ont en commun des économies assez convulsives, liées à des sources de revenus relativement peu durables, qui dynamisent périodiquement l'économie et dont les effondrements plongent les régions entières dans des crises profondes.

On veut toutefois espérer qu'au XXIe siècle les récessions qui suivent les périodes d'expansion seront mieux maîtrisées et que, dans ces régions encore marginalisées, ces richesses potentielles deviendront, enfin, une réalité redonnant au littoral nord-équatorial l'équilibre et la prospérité que connurent autrefois les populations amérindiennes qui l'habitaient.

Conclusion

« Enfer vert » pour beaucoup, « Eldorado » ou « paradis sur terre » pour d'autres, plus rares, les basses terres du Pacifique nord-équatorial n'ont pas échappé à ces clichés réducteurs. Mais ces visions, cauchemardesques ou idylliques, ne concernent que les visiteurs des cinq derniers siècles, qui les ont vues avec leurs yeux d'étrangers. À vrai dire, nous ignorons tout de la manière dont les indigènes amérindiens, qui ont vécu là pendant plus de deux millénaires avant la conquête, percevaient ces milieux naturels et leur environnement. Nos hypothèses à ce sujet ne seront jamais que de simples conjectures. Mais, si une civilisation comme celle de Tumaco La Tolita put y prospérer pendant des siècles, l'on peut penser que les hommes de cette époque ne s'y sentaient pas si mal.

L'archéologie révèle des vestiges qui prouvent bien qu'ils étaient en bonne harmonie avec l'environnement. Dans ce milieu humide et chaud, peu favorable à la bonne conservation de la plupart des vestiges organiques, nous ne trouvons sans doute pas autant de témoignages de cette prospérité passée qu'on le souhaiterait pour mieux asseoir nos connaissances. Et il est vrai que bien des aspects de la vie préhispanique nous demeurent encore mal connus. Près d'un siècle de recherches archéologiques ont toutefois permis d'établir une ébauche de connaissance sur cette préhistoire à la fois bien récente et si loin de nous. Bien des points que l'on aimerait voir éclaircis demeurent pourtant encore obscurs pour les archéologues. Ainsi, nous disposons d'une chronologie culturelle qui reste à parfaire. Avant la phase d'apogée, les premiers occupants ne sont connus que par des vestiges encore insuffisants. Et l'on ne sait pas précisément quand ils arrivèrent dans cette région; ni comment et pourquoi, après quelques siècles, émergea la phase Tumaco La Tolita, sans nul doute héritière de cette phase antérieure. Nous connaissons encore moins les raisons de son déclin culturel, vers le IVe siècle de notre ère. Mais, d'après les recherches modernes effectuées entre Esmeraldas et Buenaventura, l'on peut penser que si personne n'a découvert de vestiges de style Tumaco La Tolita postérieurs à ce déclin, c'est qu'alors il n'existait plus sur la côte de groupes reliés à cette culture. Or, aucune autre région n'a livré d'évidences archéologiques que l'on pourrait rattacher de près ou même de loin à ces populations disparues. Que cette civilisation, riche sans doute de plusieurs milliers d'individus, ait pu disparaître ainsi, c'est encore une énigme, plutôt irritante pour les archéologues modernes. D'autant que rien ne vient nous indiquer que ces populations se seraient brutalement effacées ou auraient muté au point d'oublier leurs arts, leurs technologies, leurs pratiques et leurs rituels. En outre, il n'existe pas de vestiges qui montreraient qu'un autre groupe, d'origine extérieure, les aurait exterminées ou assujetties pour s'approprier un territoire qui paraît être resté assez longtemps dépeuplé après le IVe siècle de notre ère.

Les archéologues s'interrogeront peut-être longtemps encore à ce sujet, à moins que des recherches futures découvrent quel fut l'événement, ou l'ensemble d'événements conjugués, qui mit fin à cette brillante période.

De même, on se demande pourquoi, au cours du millénaire qui suivit, aucun groupe régional ne produisit d'art notable, céramique ou orfèvrerie, alors que fleurissaient tout autour, en Colombie comme en Équateur, des cultures qui se distinguaient toutes par des productions artistiques remarquables. Et pourquoi ces mêmes groupes qui vivaient pourtant sur l'ancien territoire Tumaco La Tolita cessèrent à la fois d'extraire l'or des *placers* et de cultiver les champs surélevés qui demeuraient certainement visibles, même couverts de végétation, et auraient pu être réutilisés.

Le fait que ces nouveaux groupes n'aient pas eu la prospérité de leurs prédécesseurs ne fut sans doute pas sans conséquences sur l'attitude des premiers conquistadors. Après être parvenus sur cette côte, Pizarro et ses troupes n'auraient pas si vite passé leur chemin s'ils y avaient trouvé une culture aussi brillante et, surtout, aussi riche que celle de Tumaco La Tolita...

Qui sait? Le cours de l'Histoire aurait peut-être changé si Pizarro s'était arrêté quelques années pour piller les sépultures de La Tolita. Les Incas auraient ainsi sans doute eu le temps de mettre fin à la guerre opposant Huascar et Atahualpa. L'Empire inca n'était pas remis de ces affrontements quand les Espagnols arrivèrent sur la côte péruvienne et surent parfaitement tirer profit des luttes de succession...

Nos expériences dans ces régions nous ont permis de voir que l'on y a exploité, et que l'on y exploite de nos jours, des richesses bien « commerciales ». Que ce soient les pillages de sites préhispaniques, les coupes claires dans la forêt, ou l'éradication des mangroves, tout finit par être monnayé et vendu. Mais nous avons aussi pu voir d'autres richesses plus authentiques dans ces régions si mal aimées. À nos yeux, les hommes et leur environnement sont les vrais trésors de ces basses terres du Pacifique. La revalorisation des groupes amérindiens qui firent le passé de cette région peut entretenir la mémoire de ces civilisations qui nous ont laissé un admirable exemple de relations harmonieuses avec l'environnement où elles prospéraient. Notre vœu est que cette mémoire retrouvée serve aujourd'hui à mieux construire l'avenir des hommes qui y vivent aujourd'hui et de ceux qui l'occuperont dans le futur.

Bibliographie

Acosta Solis, M., 1944 : Nuevas contribuciones al conocimiento de la Provincia de Esmeraldas. *Publicaciones científicas*, t. 1. Quito.

Acosta Solis, M., 1959 : *Los manglares del Ecuador*. Junta autonoma del ferrocarril Quito San Lorenzo. Quito, 85 p.

Acosta Solis, M., 1961 : Los manglares del Ecuador. *Rev. Geografica*. Rio de Janeiro, t. 28.

Agier, M., Alvarez M., Hoffmann O., Restrepo E. : 1999 *: Tumaco, haciendo ciudad*. ICANH.- I.R.D. – Universidad del Valle.

Alcina-Franch, J., 1976 : El problema de las poblaciones negroides de Esmeraldas, Ecuador. *Anuario de Estudios Americanos*, t. XXXI. Pp. 33-46. Séville.

Alcina-Franch, J., 1979 : *La arqueología de Esmeraldas (Ecuador). Introducción general*. Memorias de la Misión Arqueológica Española en el Ecuador. Vol. 1. Ministerio de Asuntos Exteriores. Madrid.

Alcina Franch, J., Moreno, E., de la Peña R., 1976 : Penetración española en Esmeraldas. Ecuador. Tipología del descubrimiento. *Revista de Indias*, n° 143-144, pp. 65-121. Madrid.

Alcina-Franch, J., Alonso, A., Bouchard, J.-F., Guinea, M., 1987 : Navegación precolombina : el caso del litoral pacífico ecuatorial : evidencias e hipótesis. *Revista Española de Antropología Americana*, n° XVII, pp. 35-73.

Archila, S., 1993 : Medio ambiente y arqueología de las tierras bajas del Caribe colombiano. *Boletín del Museo del Oro,* n° 34-35, pp. 111, 164. Bogotá

Balsev, H., Barford, A., 1987 : Ecuadorian Palms- an overview. *Opera Bot*. N° 92, pp. 17-35.

Barford, A., Balsev H., 1988 : The use of palms by the Cayapas and Coaiqueres on the coastal plain of Ecuador. *Principes*, n° 31(1), pp. 29-42.

Benzoni, G., 1985 : *La Historia del Nuevo Mundo (Relatos de su viaje por el Ecuador 1547-1550)* Banco Central del Ecuador. Guayaquil.

Bergsoe, P., 1937 : *The Metallurgy and Technology of Gold and Platinum among the precolumbian Indians*. (Translated by F.C. Reynolds). Ingeniorvidenskabelige Skrifter n° A44. Naturvidenskabelige Samfund i Kommission hos GEC Gad. Copenhagen.

Bergsoe, P., 1938 : *The Gilding Process and the Metallurgy of Copper and Lead among the pre-Columbian Indians*. (Translated by F.C. Reynolds). Ingeniorvidenskabelige Skrifter n° A46. Naturvidenskabelige Samfund i Kommission hos GEC Gad. Copenhagen.

Bernal, J., Briceño, I., Duncan, R., 1993 : *El arte del chamanismo, la salud y la vida. Tumaco La Tolita*. Instituto Colombiano de cultura hispanica. Bogotá.

Bischof, H., 1973 : The Origin of Pottery in America. Recent Radiocarbon notes from Southwestern Ecuador. In *Actes du XLe Congrès International des Américanistes* (1972), Rome, pp. 268-281.

Bischof, H., 1975 : La fase Engoroy. Periodos, cronología y relaciones; Estudios sobre la arqueología del Ecuador, *Bonner Amerikanische Studien. 3.* Bonn. Pp. 15-38.

Bischof, H., Viteri J., 1972 : Pre-Valdivia occupations on the Southwest coast of Ecuador. *American Antiquity*, XXXVIII, n° 4, pp. 548-551.

Bouchard, J.-F., 1979 : Hilos de oro martillado en la costa meridional de Colombia. *Boletín del Museo de Oro*, Bogotá, 2e année, pp. 21-24.

Bouchard, J.-F., 1982-83 : Arqueología de la región de Tumaco, Nariño, Colombia. *Revista Colombiana de Antropología*, Bogotá, vol. XXIV, pp. 125-335.

Bouchard, J.-F., 1984 : *Archéologie de la région de Tumaco*, Colombie. Paris, Éditions Recherches sur les Civilisations, ADPF, 205 p., 34 fig., 38 pl., bibl. (Mémoires, n° 34).

Bouchard, J.-F., 1988 : Culturas Prehispánicas del Litoral Pacífico Nor-ecuatorial. In *Arte de la Tierra. Cultura Tumaco*, Fondo de Promoción de la Cultura, Bogotá, Banco Popular, pp. 8-11.

Bouchard, J.-F., 1989 : Archéologie préhispanique du littoral Pacifique nord-équatorial. *Bulletin de la Société Préhistorique Française*. T. 10/12. pp. 393-396.

Bouchard, J.-F., 1989 : Evidencias de relaciones interculturales en la región norte (Sur de Colombia y Norte de Ecuador). *Relaciones interculturales en el área ecuatorial del Pacífico durante la época precolombina*, Proceedings 46th Intern. Cong. of Americanists (Amsterdam 1988), BAR International series n° 503, Oxford, pp. 29-44.

Bouchard, J.-F., 1992 : El Formativo final y el Desarrollo regional en el litoral Pacífico nor-ecuatorial. *Gaceta arqueológica andina*, Lima. Vol. VI, n° 22, pp. 5-21.

Bouchard J.-F., 1998 : Tumaco La Tolita, un litoral de intercambio en el periodo prehispánico; In *El área septentrional andina, arqueología y etnohistoria.* (Éd. Guinea, Bouchard, Marcos) Abya Yala--IFEA, Quito, n° 59, pp. 29-42.

Bouchard, J.-F., 1998 : « Estudio arqueológico del sitio El Morro CCCP. Tumaco », *Boletín del Centro de Control de Contaminación del Pacífico*, Armada de Colombia Tumaco. N° 7, pp. 83-94.

Bouchard, J.-F., 1999 : Occupations préhispaniques à El Morro-Tumaco (Colombie) *Colloque Archéologie des Andes Equatoriales.* Février 1999- Dpt d'Ethnologie, Univ. de Neuchâtel. *Bulletin de la Société suisse des américanistes*, n° 63, pp. 111-116.

Bouchard, J.-F., 2000 : « Esprits, transformations et passages dans la culture Tumaco La Tolita ». In *Les esprits l'or et le chamane*, catalogue de l'exposition, Galeries nationales du Grand Palais-Réunion des Musées nationaux Paris, pp. 55-62.

Bouchard, J.F., Cadena A., 1981 : Las figurillas zoomorfas de cerámica del litoral Pacífico ecuatorial. *Bulletin de l'Institut Français d'Études Andines*, Lima, vol. IX, n° 3-4, pp. 49-68.

Buys, J., Muse M., 1987 : Arqueología de asentamientos asociados a los campos elevados de Peñon del Rio, Guayas, Ecuador, *Proceedings 45 Congreso Intern. de Americanistas, Bogotá, 1985, BAR* Intern. Series 359, Oxford, pp. 225-248.

Buys, J., Dominguez V., 1989 : La arqueología de Cumbaya, Provincia de Pichincha. *Relaciones interculturales en el área ecuatorial del Pacífico durante la época precolombina.* Proceedings 46 Congreso International de Americanistas (Amsterdam, 1988). B.A.R. International Series, Oxford, n° 503, pp. 75-96.

Cabello Balboa, M., 1945 : Verdadera descripción y relación de la provincia y tierra de las esmeraldas. In *Obras de Miguel Cabello Balboa*. Vol. 1. Pp. 1-76. Quito (1583).

Caillavet, C., Lopez y Sebastian, L., 1979 : La fase Tachina en el contexto cultural del horizonte Chorrera. *Actes du XLII Congrès international des américanistes*. Vol. IX A, pp. 199-215. Paris.

Calderon Saenz S., 1985 : Occurence of the mangrove, Pelliciera rhizophora, on the caribbean coast of Colombia with biogeographical notes. *Bull. Mar. Sci.* n° 35 (1), pp. 105-110.

Calero, L., 1985 : El impacto de la colonizacíon española en la región pacífica del sur de Colombia, siglos XVI y XVII. *Miscelanea antropológica ecuatorigna*. N° 8, pp. 119-130. Guayaquil.

Casas Dupuy, P., 1988 : Isla Gorgona : Un asentamiento precolombino en el Oceano Pacífico colombiano. *Boletín de arqueología* n° 3 Fundación de Investigaciones Arqueológicas Nacionales Banco de la República Bogotá.

Casas Dupuy, P., 1991 : La Gorgona en tiempos precolombinos. *Revista de Antropología y Arqueología* 7 (2), pp. 94-118.

Clirsen, 1986 : *Estudio multitemporal de manglares, camaroneras y áreas salinas de la costa ecuatoriana mediante información de sensores remotos*. Dirección general de la marina mercante y del litoral, 1-50.

Coe, M., 1960 : Archaeological linkages with North and South America at la Victoria, Guatemala. *American Anthropologist*, vol. 62, pp. 363-93, Menasha.

Correa, I., 1996 : *Le littoral pacifique colombien : interdépendance des agents morphostructuraux et hydrodynamiques*. 2 Tomes, 178 p. + cartes, Thèse Géol. Marine, Univ. Bordeaux 1.

Correa, I., Acosta, B., Sionneau, J., Khobzi, J., 1992 : Evaluación global del potencial para acuicultura de la franja costera del Pacífico colombiano. In Vol. 1, 101-111, Memorias II *Simposio Latinoamericano de Riesgo Geologico Urbano*, Bogotá.

Correa, I., Gonzalez, J., 2000 : Coastal erosion and village relocation : a Colombian case study. In *Ocean and Coastal Management* 43, 51-64, Elsevier Science Ltd.

Correa I., Gonzalez J., Rodriguez, C., 1988 : Geomorfologia general y sedimentologia de la bahia de Tumaco. In *VI Seminario Nacional, Ciencias del mar*, 233-239, Memorias, Univ. Jorge Tadeo Lozano, Bogotá.

Correa, I., Restrepo, J., 2002 : Geologia y oceanografia del delta del Rio San Juan 221 p., Univ. EAFIT, Medellin.

Cubillos, J.-C., 1955 : *Tumaco : notas arqueológicas*. Ministerio de Educación. Bogotá.

Cuatrecasas, J., 1958 : Aspectos de la vegetación natural de Colombia. *Rev. Academ. Colomb. Cienc. Exact. Fish. Nat.*, n° 10 (40), pp. 221-266.

Damp, J., 1988 : *La primera ocupación Valdivia en Real Alto*. Biblioteca Ecuatoriana de Arqueología. N° 3. ESPOL. Guayaquil.

De Boër, W., Tolstoy, P., 1989 : An archaeological sequence for the Santiago-Cayapas River basin, Esmeraldas, Ecuador. *Journal of field archaeology*. Vol. 16, n° 3, pp. 295-308.

De Boër, W., 1996 : *Traces behind the Esmeraldas shore. Prehistory of the Santiago Cayapas region. Ecuador*. The University of Alabama Press. Tuscaloosa.

Demiro M. *et alii*. 1977 : *Morfología y sedimentos de la plataforma continental de la provincia de Esmeraldas, Ecuador*. Instituto Oceanográfico, Guayaquil.

Del Pozo Haro MM., 1986 : *Estudio de los manglares del Ecuador.* Dirección general de medio ambiente. 1-68.

Eslava, J., 1993 : Climatologia, 133-147, In *Colombia Pacífico,* t. 1, Éd. Pablo Leyva, 396 p., FEN Colombia, Bogotá.

Estrada, E., 1956 : *Valdivia, un sitio arqueológico formativo en la costa de la Provincia de Guayas, Ecuador.* Museo Emilio Estrada, n° 1. Guayaquil.

Estrada, E., 1958 : *Las culturas pre-clásicas, formativas o arcaícas del Ecuador.* Museo Emilio Estrada, n° 5. Guayaquil.

Estrada, E., 1961 : *Nuevos elementos en la cultura Valdivia, sus posibles contactos transpacíficos.* Sub Comité ecuatoriano de antropología. Guayaquil.

Estrella, E., 1986 : *El Pan de América. Etnohistoria de los alimentos aborígenes en el Ecuador.* C.S.I.C. Centro de Estudios Históricos. Madrid.

Evans, C., Meggers, B., 1966 : Transpacific origin of Valdivia phase pottery on coastal Ecuador. In *Actas del XXXVI Congreso Internacional de Americanistas.* Vol. 1. Sevilla. Pp 63-67.

Farabee, W.C., 1921 : A golden hoard from Ecuador. *The Museum Journal.* Vol. XII, n° 1, pp. 43-52, University of Pensylvannia. University Museum.

Ferdon, F., Corbett, J., 1941 : Depósitos arqueológicos de La Tolita. *Boletín de la Academia Nacional de Historia.* Vol. 21, n° 57.

Fusch, H., 1970 : Ecological and palynological notes on *Pelliciera Rhizophorae. Acta Bot. Neerl.* N° 19 (6). Pp. 884-893.

Galvan, G, J., Martín de Vidales, J.L., Galvan M. V., Bouchard J.-F., 1989 : Estudio mineralógico de cerámicas procedentes del yacimiento arqueológico de La Tolita. *Relaciones interculturales en el área ecuatorial del Pacífico durante la época precolombina.* Proceedings 46 Congreso International de Americanistas (Amsterdam, 1988). B.A.R. International Series n° 503, pp. 123-126. Oxford.

Guillaume Gentil, N., 1999 : « Les tolas du nord du bassin du Guayas : éléments de chronologie et modèles d'occupation », *Actes des Journées d'études d'archéologie précolombienne : Amérique du Sud, des chasseurs-cueilleurs à l'Empire Inca, Genève, 10 et 11 octobre 1997.* Oxford, BAR International Series; 756, pp. 107-128.

Guillaume Gentil, N., 2000 : « Estudio de un sitio con tolas (montículos artificiales /Ecuador) y con modelo regular : aproximación cronológica de su construcción mediante las tefras ». *Actes des journées d'études de la Société Suisse des Américanistes, Neuchâtel, 12 et 13 mars 1999.* Genève, Société Suisse des Américanistes (Bulletin 63), pp. 25-54.

Guillaume Gentil, N., Ramirez Guillaume Gentil, K., 1997 : « Projet La Cadena - Quevedo : Recherches archéologiques dans le nord du Bassin du Río Guayas, Équateur ». *Jahresbericht 1996.* Berne-Vaduz, Fondation Suisse-Liechtenstein pour les recherches archéologiques à l'étranger (FSLA), pp. 35-56.

Guillaume Gentil, K., 1998 : Projet La Cadena–Quevedo-La Maná : recherches archéologiques dans le nord du bassin du Guayas, Équateur. Étude préliminaire d'un site à modèle régulier. *Jahresbericht 1997.* Berne-Vaduz, Fondation Suisse-Liechtenstein pour les recherches archéologiques à l'étranger (FSLA), pp. 43-82.

Guillaume-Gentil, N., Reindel, M., 1996 : Rapport d'activité 1995-1996 Projet La Cadena- Quevedo. Schweizerisch-Lichtensteinische Stiftung fur archäologische Forschungen im Ausland, pp. 48-109. Bern.

GUILLAUME GENTIL, N., RAMIREZ GUILLAUME GENTIL, K., *et alii*, 1999 : La Cadena-Quevedo-La Maná : investigaciones arqueológicas en la Cuenca norte del río Guayas, Ecuador. Estudio de un sitio monticulado con modelo regular. *Jahresbericht 1998*. Berne-Vaduz, Fondation Suisse-Liechtenstein pour les recherches archéologiques à l'étranger (FSLA), pp. 57-97.

GUILLAUME GENTIL, N., RAMIREZ GUILLAUME GENTIL, K., *et alii*, 2000 : Avances de los trabajos de elaboración del Proyecto arqueológico La Cadena-Quevedo-La Maná ». *Jahresbericht 1999*. Berne-Vaduz, Fondation Suisse-Liechtenstein pour les recherches archéologiques à l'étranger (FSLA), pp. 35-57.

GUINEA, M., 1982 : Subsistencia, ecología y explotación territorial en el poblado de Atacames. *Revista Española de Antropología Americana*. Vol. 12, pp. 131-155.

GUINEA, M., 1984 : *Patrones de asentamiento en la arqueología de Esmeraldas (Ecuador)*. Memorias de la Misión Arqueológica Española en Esmeraldas. Vol. 8. Ministerio de Asuntos Exteriores. Madrid.

GUINEA, M., 1986 : El Formativo de la región sur de Esmeraldas visto desde el yacimiento de Chévele. Simposio del 45° Congreso Internacional de Americanistas : Arqueología y etnohistoria del sur de Colombia y norte del Ecuador. *Miscelanea Antropológica Ecuatoriana*. N° 6, pp. 19-46.

GUINEA, M., 1989 : Valoración de las evidencias de intercambio en la desembocadura del río Esmeraldas : el problema crónologico. *Relaciones interculturales en el área ecuatorial del Pacífico durante la época precolombina*. Proceedings 46 Congreso International de Americanistas (Amsterdam, 1988). B.A.R. International Series n° 503. Pp. 127-146. Oxford.

GUINEA, M., 1995 : Diferentes mecanismos de articulación hombre-entorno en la costa norte del Ecuador. La desembocadura del Esmeraldas del principio de nuestra era hasta el año 1527. In Primer encuentro de investigadores de la costa ecuatoriana en Europa. Pp. 47-66.

GUINEA, M. 1995 : Ecología y cultura en el área de la desembocadura del río Esmeraldas, Ecuador. In : *Cultura y medio ambiente en el área andina septentrional*. 48 Congreso Internacional de Americanistas. Colección Abya Yala No. 21. Pp. 165-194. Editores : Guinea, Bouchard, Marcos.

GUINEA, M., 1998 : La metalurgía del cobre en la costa norte del Ecuador durante el periodo de integración. In *El área septentrional andina, arqueología y etnohistoria*. (Ed. Guinea, Bouchard, Marcos) Abya Yala- IFEA, n° 59, pp. 83-110. Quito.

GUTIERREZ, H., 1950 : Informe geológico sobre la isla del Morro, Bahia de Tumaco, Departamento de Nariño. 153-173, In *CEGOC*, T VIII, Ministerio de Minas y Petroleos, Bogotá.

HARCOURT (d'), R., 1942 : Archéologie de la province d'Esmeraldas, Équateur. *Journal de la Société des Américanistes*. N° 34, pp. 61-200.

HARCOURT (d'), R., 1948 : Archéologie d'Esmeraldas et de Manabi, Équateur : note complémentaire. *Journal de la Société des Américanistes*. N° 37, pp. 319-325.

HERAS y MARTINEZ, C., ADÁNEZ PÁVON, J., 1989 : Chimeneas cerámicas : un rasgo cultural de significación controvertida. *Relaciones interculturales en el área ecuatorial del Pacífico durante la época precolombina*. Proceedings 46 Congreso International de Americanistas (Amsterdam, 1988). B.A.R. International Series n° 503, pp. 147- 162. Oxford.

HERRERA, L., 1989 : Costa del Oceano Pacífico y vertiente Oeste de la Cordillera Occidental. In *Colombia prehispánica : Regiones Arqueológicas. pp.* 135-157. Éd. Instituto Colombiano de Antropología. Bogotá.

Hill, B.,1974 : A new chronology of the Valdivia ceramic complex. *Ñawpa Pacha*, 10-12, pp. 1-32.

Hoffman, O., 2001 : *La Violence de l'oubli : les communautés noires en Colombie et les pièges de la mémoire collective.* In *Cahiers des Amériques Latines*, n° 38, pp. 61-75, Institut des Hautes Études de l'Amérique latine, Paris.

Holm, O., 1984 : Arquitectura naval precolombina. *Trama*, n° 33, pp. 43-45.

Holm, O., 1986 : Navegación precolombina : *Revista del Instituto de historia maritima*, n° 1, Año 1, pp. 7-13.

Jimenez, J., 1984 : A hypothesis to explain the reduced distribution of the mangrove *Pelliciera rhizophorae Tr & Pl. Biotrop.*, n° 16 (4), pp. 3304-308

Lamb, FB., 1959 : The coastal swamp forest of Nariño, Colombia. *Caribbean Forester.* N° 20, pp. 79-89.

Lathrap, D., Marcos, J., Zeidler, J., 1977 : Real Alto : An Ancient Ceremonial Center. J. *Archaeology,* 30 (1), New York, pp. 2-13.

Lathrap, D. W., Collier, D., Chandra, H., 1975 : *Ancient Ecuador : Culture, Clay and Creativity 3000 BC - 300 BC.* Field Museum of Natural History. Chicago.

Little, E., 1948 : A collection of tree specimens from Western Ecuador, *Caribbean Forester.* N° 9, pp. 219-288.

Lehmann, H., 1951 : Le personnage couché sur le dos : sujet commun dans l'archéologie du Mexique et de l'Équateur. *Proceedings 29th international Congress of Americanists;* vol. 1, pp. 291-298. Chicago.

Lopez y Sebastian, L., 1989 : Contribución al estudio de las culturas formativas en la costa norte del Ecuador. Simposio del 45° Congreso Internacional de Americanistas : Arqueología y etnohistoria del Sur de Colombia y norte del Ecuador. *Miscelanea Antropológica Ecuatoriana.* N° 6, pp. 47-60.

Marcos, J., 1984 : Breve prehistoria del Ecuador. In *Tesoros del Ecuador antiguo,* pp. 9-23. Instituto de Cooperación Iberoamericana. Madrid.

Marcos, J., 1986 : Intercambios a larga distancia en América : el caso del Spondylus. *In* J. Marcos (éd.) 1986, pp. 197-206.

Marcos, J., 1986 : De ida y vuelta a Acapulco con mercaderes de Mullu. *in* J. Marcos (éd.), pp. 163-196.

Marcos, J. (éd.), 1986 : *Arqueología de la costa ecuatoriana. Nuevos enfoques.* ESPOL, Guayaquil. (Biblioteca Ecuatoriana de Arqueología, 1).

Marcos, J., 1988 : *Real Alto. La historia de un centro ceremonial Valdivia.* 2 volumes. ESPOL, Guayaquil (Biblioteca Ecuatoriana de Arqueología, 4 et 5).

Marcos, J., 1990 : Los agro-alfareros Valdivia de Real Alto en el antiguo Ecuador : un modelo para la revolución neolítica en el mundo nuevo. *Gaceta Arqueológica Andina.* Vol. VII, n° 23, pp. 11-31.

Marcos, J., 1998 : A reassesment of the chronology of the ecuadorian formative In *El área septentrional andina, arqueoloïia y etnohistoria.* (Éd. Guinea, Bouchard, Marcos) Abya Yala-IFEA, n° 59, pp. 295-346. Quito.

Meggers, B., 1966 : *Ecuador.* Ancient People and Places Series. Thames and Hudson. London.

MEGGERS, B., EVANS, C., ESTRADA, E., 1965 : *The early formative period of coastal Ecuador : The Valdivia and Machalilla Phases.* Smithsonian contributions to Anthropology. Vol. 1.Washington D.C.

MONTAGUT, E., 1998 : Principales cambios en la linea de costa del municipio de San Andrés de Tumaco. 67-77, In *Bol. Cientif.* N° 7 CCCP, Tumaco.

MONTAGUT, E., CABRERA, E., 1997 : Situación de riesgo en la ensenada de Tumaco. 7-28, In *Bol. Cientif.* 6 CCCP, Tumaco.

MONTAÑO, M.C., 1991 : El manejo de los recursos naturales en La Tolita en su etapa clásica. in *Encuentro « Investigaciones arqueológicas de culturas comunes de la costa Pacífica ».* Esmeraldas. 27 p., cartes (Ms).

MONTAÑO, M.C., 1991 : La subsistencia en La Tolita : un enfoque etnoarqueológico. in *Congreso « 10 años de arqueología ecuatoriana »,* 22 p. (Ms).

NORTON, P., 1981 : A preliminary report on Loma Alta and the implications of inland Valdivia A. In *Primer simposio de correlaciones andinas- mesoamericanas.* ESPOL. Guayaquil.

NORTON, P., 1983 : La conexión Loma Alta. In *Tesoros del Ecuador*, pp. 25-36. Instituto de cooperacion Iberoamericana. Madrid.

PALOP, J., GARCIA, S., 1989 : Aportaciones a la Etnohistoria de la Provincia de Barbacoas. In *Relaciones interculturales en el área ecuatorial del Pacífico durante la época precolombina.* Proceedings 46 Congreso International de Americanistas (Amsterdam, 1988). B.A.R. International Series n° 503, pp. 199-219. Oxford.

PATIÑO, V.M., 1977 : *Recursos naturales y plantas útiles en Colombia. Aspectos Históricos.* Biblioteca básica colombiana. Colcultura. Bogotá.

PATIÑO CASTAÑO, D., 1987 : Arqueología de la costa pacífica caucana. *Boletín de arqueología.* Año 2, n° 1, pp. 65-81. Fundación de Investigaciones arqueológicas nacionales.

PATIÑO CASTAÑO, D., 1988 : *Asentamientos prehíspanicos en la costa Pacífica caucana.* Fundación de Investigaciones arqueológicas nacionales. Banco de la República. Bogotá.

PATIÑO CASTAÑO, D., 1988 : Orfebrería prehispánica en la costa Pacífica de Colombia y Ecuador *Boletín del Museo del Oro,* n° 22, pp. 17-31. Bogotá.

PATIÑO CASTAÑO, D., 1989 : Arqueología del bajo Patía, costa Pacífica de Nariño, y secuencia arqueológica en la costa. In *Memorias del 5 congreso nacional de antropología,* pp. 79-93. Bogotá.

PATIÑO CASTAÑO, D., 1993 : Arqueología del bajo Patía, fases y correlaciones en la costa Pacífica de Colombia y Ecuador. *Latin American Antitiquity,* 4 (2) pp. 180-199.

PATIÑO CASTAÑO, D., 1993 : Investigaciones arqueológicas en la región de Tumaco, 3-25, In *Boletin de Arqueología,* 8, n° 3, Bogotá.

PATIÑO CASTAÑO, D., 1999 : Agricultura prehispanica y sociedades complejas en Tumaco. Colombia . In *Arqueología del área intermedia,* n° 1, pp. 49-82. Sociedad colombiana de arqueología. Bogotá.

PEARSALL, D.M., 1986 : La circulación primitiva del maíz entre Mesoamérica y Sudamérica. In J.Marcos (éd.), pp. 231-258.

PEARSALL, D.M., 1988 : *La producción de alimentos en Real Alto.* ESPOL, Guayaquil (Biblioteca Ecuatoriana de Arqueología, 2).

PEARSALL, D.M., PIPERNO, D.R., 1990 : Antiquity ol Maize Cultivation in Ecuador : Summary and Reevaluation of the Evidence. *American Antiquity,* 55 (2), pp. 324-337.

Reclus, E., 1893 : *Nouvelle géographie universelle. La terre et l'homme*, XVIII, Amérique du sud, les régions andines, 848 p., Hachette, Paris.

Reichel-Dolmatoff, G., 1965 : *Colombia..* Ancient Peoples and Places Series. Thames and Hudson. London.

Reichel-Dolmatoff, G., 1979 : Colombia indígena : período prehispánico. *Manual de Historia de Colombia*. Vol. 1, pp. 31-114. Colcultura : Bogotá.

Reichel-Dolmatoff, G., 1987 : *Arqueología de Colombia : un texto introductorio.* Fundación Segunda Expedición Botánica. Bogotá.

Restrepo J., Kjerfve B., 2000 : Water Discharge and Sediment Load from Western Slopes of Colombian Andes with Focus on Rio San Juan. In *Journal of Geology*, 108, 17-33, Univ. Chicago.

Rimbach, A., 1932 : The forests of Ecuador. *Trop. Woods*, n° 31, pp. 1-9.

Rivera, M., 1979 : Ensayo de tipología de la cerámica Tiaone. *Actes 42 Congrès International des Américanistes*. Vol. 9A, pp. 229-244. Paris.

Rivera, M., Sanchez Montañes, E., Ciudad, A., Rodriguez, A., Colón, A., 1984 : *La Cultura Tiaone.* Memorias de la Misión Arqueológica Española en Esmeraldas. Vol. 4. Ministerio de Asuntos Exteriores. Madrid.

Rodriguez, B. E., 1992 : *Fauna precolombina de Nariño.* Fundación de investigaciones arqueológicas nacionales. Bogotá.

Salgado, H., Stemper, D., 1991 : Alfarería prehispánica temprana entre la bahía de Buenaventura y el bajo río san Juan. *Boletín de Arqueología*. Año 6 Mayo 91, n° 2 Bogotá.

Salgado, H., Stemper, D., 1993 : Metalurgía prehispánica y colonial-republicana en el Pacífico colombiano. *Revista Colombiana de Antropología* Vol. XXX, pp. 60-99.

Salgado, H., Stemper, D., 1995 : Cambios en alfarería y agricultura en el centro del litoral pacifico colombiano durante los dos últimos milenios. FIAN. Bogotá.

Sanchez Montañes, E., 1979 : Un tipo de placa ritual de la cultura Tumaco La Tolita. *Actes du 42 Congrès International des Américanistes.* Vol. 9A, pp. 273-281. Paris.

Sanchez Montañes E., 1981 : *Las « figurillas » de Esmeraldas : tipología y función.* Memorias de la Misión Arqueológica Española en el Ecuador. Vol. 7, Ministerio de Asuntos Exteriores. Madrid.

Santa Gertrudis, fray J., 1970 : *Maravillas de la naturaleza.* T. III. Biblioteca popular. Bogotá.

Sarma, A.V.N., 1974 : Holocene paleoecology of South Costal Ecuador. *Proc. Am. Philos. Soc.* n° 118, pp. 93-134.

Saville, M., 1910 : Archaeological researches on the coast of Esmeraldas. *XVI International Congress of Americanists.* Vol. 2, pp. 331-345. Vienna.

Scott, D. A., 1983 : Depletion gilding and surface treatment of gold alloys from the Nariño area of ancient Colombia. *Journal of the Historical Metallurgy Society.* Vol. 17, pp. 99-115.

Scott, D. A., 1986 : Gold and silver alloy coatings over copper; an examination of some artefacts from Ecuador and Colombia. *Archaeometry.* Vol. 28, pp. 33-50.

Scott, D. A., Bouchard, J.F., 1988 : Orfebrería prehispánica de las llanuras del Pacífico del Ecuador y de Colombia. *Boletín del Museo del Oro*, vol. 22 pp. 3-16. Bogotá.

Scott, D. A., Bray, W., 1980 : Ancient Platinum Technology in South America. *Platinum Metals Review.* Vol. 24, pp. 144-157.

STIRLING, M. W., 1963 : A new culture in Ecuador. *Archaeology*, vol. 16, n° 3, pp. 170-175. New York.

STOTHERT, K., 1985 : The Preceramic Las Vegas Culture in Coastal Ecuador. *American Antiquity*, 50, pp. 613-637.

STOTHERT, K., 1988 : La prehistoria temprana de la peninsula de Santa Elena, Ecuador : Cultura Las Vegas. *Miscelanea Antropológica Ecuatoriana*, Serie Monográfica 10. Museo del Banco Central del Ecuador. Guayaquil.

SVENSON, H.K., 1966 : Vegetation of the coast of Ecuador and Peru and its relation to the Galapagos Island, 1. Geographical relations of the flora, 2. Catalogue of plants. *Am. J. Bot.*, n° 33, pp. 394-426, 427-498.

TIHAY, J.-P., USSELMANN, P., 1995 : Medio ambiente y ocupación humana en el litoral pacífico colombo ecuatoriano. In *Cultura y medio ambiente en el área andina septentrional.* Pp. 377-399. Éd. Guinea, Bouchard, Marcos. Abya Yala. Quito.

TIHAY, J.-P., USSELMANN, P., 1998 : Ambientes húmedos de la costa pacífica ecuatorial (Colombia y Ecuador) y uso antrópico. 67-79, In *El área septentrional andina, arqueología y etnohistoria*, Éd Guinea, Marcos, Bouchard, 59, Abya Yala, Quito.

TRYON, R.M. et TRYON, A.F., 1982 : *Ferns and alied plants with special reference to Tropical America.* Springler-Verlag New-York Inc., 857 p.

UHLE, M., 1922 : Origenes centro-americanos. *Boletín de la Academia Nacional de Historia.* Vol. 4, Quito.

UHLE, M., 1923 : Civilizaciones mayoides en la costa Pacífica de Sudamérica. *Boletín de la Academia Nacional de Historia.* Vol. 6. 87-92. Quito.

UHLE, M., 1927 : Estudios esmeraldeños. *Anales de la Universidad Central. (Quito).* Vol. 39, n° 262, pp. 1-61.

UHLE, M., 1927 : Las antiguas civilizaciones esmeraldeñas. *Anales de la Universidad Central. (Quito).* Vol. 38, n° 259.

URIBE, M. V., 1979 : Asentamientos prehispánicos en el altiplano de Ipiales, Colombia. *Revista Colombiana de Antropología,* vol. XXI, pp. 60-181.

UNIVERSIDAD Nacional, 1996 : Convenio IDEAM- Univ. Nacional. Morfodinamica y amenazas en el litoral pacífico. Subdirec. de geomorfologia y Departamento de geografia, *Morfodinamica del delta del Rio Patia.* Rapport 21 p., Bogotá.

USERA MATA, L., 1979 : Ensayo de tipología de la cerámica de Balao. Esmeraldas (Ecuador). *Actes du 42e Congrès International des Américanistes.* Vol. 9A, pp. 217-227. Paris.

VALDEZ, F., 1986 : Investigaciones arqueológicas en La Tolita (Esmeraldas). Simposio del 45 Congreso Internacional de Americanistas : Arqueología y etnohistoria del sur de Colombia y norte del Ecuador. *Miscelanea Antropológica Ecuatoriana.* N° 6, pp. 81-107.

VALDEZ, F., 1987 : *Proyecto arqueológico La Tolita.* Banco Central del Ecuador. Quito.

VALDEZ, F., 1989 : L'évolution démographique dans les mangroves de la côte nord-ouest de l'Équateur, aux périodes formative et de développement régional. In *Équateur 1986.* Vol. 1. Pp. 291-308. ORSTOM. Paris.

VALDEZ, F., MONTAÑO, M.C., ADOUM, R., LEIVA, S., YEPES, A., RODRIGUEZ E., 1989 : *Nuestro pasado : La Tolita.* Museo del Banco Central del Ecuador. Quito.

Van Es, E., 1975 : Analisis geológico-geomorfológico de las imagenes de radar de la llanura pacífica de Nariño, Colombia. 59-70, *Revista CIAF*, Bogotá.

Villegas, N., 1997 : Estudio del movimiento vertical de las aguas en la región Este de la cuenca del Pacífico colombiano. 81-93, *Bol. Cientif.* 6, CCCP, Tumaco.

Von Prahl, H., 1990 : *Manglares.* 207 p. Éd. Villegas, Bogotá.

Von Prahl, H., Cantera, J., Contreras R., 1990 : *Manglares y hombres del Pacífico colombiano.* 193 p., FEN Colombia, Bogotá.

Villalba, M., 1996 : canasteros o comerciantes? *In Sala de arqueología. Museo Nacional del Banco Central del Ecuador*, pp. 58-71, Quito.

West, R., 1956 : Mangrove swamps of the pacific coast of Colombia. *Assoc. Am. Geogr.*, 64, 89-121.

West, R., 1957 : *The Pacific Lowlands of Colombia.* Louisiana University Press, Baton Rouge, 8, 278 p.

Wolf, Th., 1879 : Memoria sobre la geografía y geología de la provincia de Esmeraldas.*Viajes cientificos por la República del Ecuador* (III) Imprenta del Comercio de Carlos Kaiser, Guayaquil, Ecuador.

Wolf, Th., 1975 : *Geografía y geología del Ecuador.* Éditorial Casa de la Cultura Ecuatoriana.

Zendron, C., 1997 : *Cultura negra y espiritualidad. El caso de Esmeraldas.* 307 p. Centro cultural Afroecuatoriano. Quito.

Zevallos Menendez, C., Holm, O., 1960 : *Excavaciones En San Pablo : informe preliminar.* Guayaquil.

Zeidler, J., Pearsal, D., 1996 : *Regional Archaeology in northern Manabi, Ecuador*, vol. 1. University of Pittsburg Memoirs in Latin American Archaeology. N° 8. Pittsburg Quito.

Ziolkowski, M., Pazdur, M., Krzanowski, A., Michczynski, A., 1994 : *Andes. Radiocarbon database for Bolivia, Ecuador and Peru.* Éd. Univ. Varsovie-Univ. Gliwice.

INDEX

En romain : noms communs, en italique : noms propres

Glossaire

Accrétion : accumulation de sédiments dont le résultat est une progression des terres émergées sur la mer.

Balsa : bois très léger (*Ochroma sp.*). Par extension, en espagnol : radeau fait de troncs de bois de balsa ou autre matériau flottant.

Estran : secteur de battement entre haute et basse mer, zone intertidale submergée lors de la haute mer et émergée lors de la basse mer.

Guandal (*bosque de guandal*) : forêt très humide établie dans des secteurs fréquemment inondés d'eau douce.

Guaquero (ou *huaquero*) : fouilleur clandestin et pilleur de sites archéologiques.

Île-barrière : île éphémère (à l'échelle géologique) constituée par des accumulations sédimentaires le long de côtes basses. De telles îles peuvent isoler des lagunes de la mer et ont pour origine des flèches ou cordons littoraux qui migrent le long de la côte, tout comme des constructions deltaïques.

Jaiba : crabe de mangrove comestible, très prisé localement (*Callinectes toxotes*).

Niño : phénomène océanographique et climatique global à périodicité irrégulière, caractérisé par une migration des eaux chaudes du Pacifique intertropical occidental vers les côtes équatoriales sud-américaines. Celles-ci sont normalement baignées par des eaux froides ou fraîches. Ces changements sont à l'origine de pluies torrentielles dans des régions normalement très sèches (côte du Nord du Pérou et du Sud de l'Équateur), et de graves sécheresses sur le continent (hauts plateaux du Pérou, intérieur de la Colombie et du Venezuela). Le *Niño* est maintenant considéré comme un phénomène planétaire dont les effets affectent une grande partie du globe. La situation inverse est appelée la *Niña*.

Subsidence : affaissement local ou régional de la surface du sol en raison d'activités tectoniques ou de dynamiques particulières (deltaïque notamment).

Thixotropie : liquéfaction rapide et temporaire de sols très humides sous l'effet de pressions, notamment liées aux secousses sismiques.

Tsunami (mot japonais) : raz de marée, brusque élévation du niveau marin, sous forme de fortes vagues, qui ne doit rien aux marées mais a pour origine les ondes émises par un séisme ou un glissement ou un éboulement sous-marin.

TABLE DES FIGURES

Crédits

N° 1 à 8 : G. Sillère, UMR 60 12, ESPACE, MGM CNRS,
N° 9, 10, 11, 12, 13, 15 : G. Clément. UMR 80 96, MAE, CNRS
N° 14 : D. Labadie.

Table des photographies

31, 32, 33. Figurines représentant un homme jaguar (phase Tumaco La Tolita) (31 et 32 : collection privée; 33 : Musée de la Banque Centrale, Quito)
34. Paire de pendentifs appartenant à des ornements d'oreille (phase Tumaco La Tolita) (Collections du Musée de l'or, Bogotá)
35. « Pectoral » en or provenant de La Tolita (phaseTumaco La Tolita) (Collections du Musée de l'Université de Pensylvannie-Philadelphie)
36. Tête anthropo-zoomorphe (or, platine, émeraudes) (phase Tumaco La Tolita) (Collections du Musée de la Banque Centrale de l'Équateur, Quito)
37. Figurine composite articulée (phase Tumaco La Tolita) (Collections du Musée de l'Homme, Paris)
38 et 39. Pirogues monoxyles actuelles (rio Santiago, Équateur)
40 et 41. Représentations de pirogue et de pagayeurs (phase Tumaco La Tolita) (Collections du Musée de la Banque centrale, Guayaquil)
42 et 43. Le « barrio Esporcol » Tumaco, El Morro (Colombie)
44. Vue aérienne de l'île de Tumaco (Colombie)
45. Destruction moderne d'un monticule archéologique (Colombie)
46 et 47. Destruction de l'environnement naturel proche de Tumaco (Colombie)
48. Déforestation près de Tumaco (Colombie)
49 et 50. Maisons sur pilotis (Équateur)

Crédits photographiques.

1-20, 24, 27, 28, 31, 38, 40, 41, 44, 46, 47, 48, 50 : J.-F. Bouchard
21, 33 : R. Katan*
23 : Institut colombien d'Anthropologie et d'Histoire, Bogotá*
25, 26, 29 : Musée de la Céramique, Fonds de promotion de la culture, Bogotá
22, 30, 34 : Collections Banque de la République, Musée de l'Or, Bogotá*
32, 37 : Musée de la Banque centrale, Quito*
35 : Musée de l'Université de Pensylvannie, Philadelphie
36 : Musée de l'Homme, Paris
44 : P. Usselmann
39, 49 : A. Alonso S.*

* Nous remercions tout spécialement les photographes et les institutions qui nous ont autorisé à reproduire gracieusement leurs photographies.

Table des matières

Composition, mise en page :
FACOMPO, LISIEUX.

Imprimerie Moderne de Bayeux
ZI, 7, rue de la Résistance - 14401 Bayeux
Achevé d'imprimer en Avril 2003
Dépôt légal : 11491

Imprimé en France